全国“八五”普法教材 5
公民法治素养提升丛书

公民

GONGMIN

应知应会 法律知识学习手册

YINGZHI YINGHUI
FALÜ ZHISHI XUEXI SHOUCE

以案普法版

中国法制出版社
CHINA LEGAL PUBLISHING HOUSE

丛书总序

2021年是“十四五”开局之年，我们党将迎来建党100周年。今年也是“八五”普法启动实施的第一年。为了深入学习宣传贯彻习近平法治思想及中央全面依法治国工作会议精神，增强“四个意识”、坚定“四个自信”、做到“两个维护”，主动适应我国进入新发展阶段、贯彻新发展理念、构建新发展格局的需要，配合“八五”普法规划的启动实施，着力在提高普法的针对性、实效性上下功夫，推动普法工作高质量发展，切实以习近平法治思想武装头脑、指导实践，引领新发展阶段全民普法工作，把习近平法治思想落实到普法工作全过程、各环节，中国法制出版社组织法律领域的相关专家编写了本套“公民法治素养提升丛书”。

本套丛书根据《中央宣传部、司法部关于开展法治宣传教育的第八个五年规划（2021－2025年）》的部署和精神，把习近平法治思想宣传同普法宣传结合起来，旨在进一步提升公民法治素养，推动全社会尊法学法守法用法，引导全社会坚定不移走中国特色社会主义法治道路。丛书将读者群分为公民、领导干部、国家工作人员、企业职工、农民、青少年、老年人、企业经营管理人员、村（社区）“两委”干部等不同群体，根据不同读者群的不同法律需求精心选取各读者群体工作或生活中常见的案例，深入剖析案例背后所含的法律知识，以期培养各读者群体的法律意识，提升公民法治素养。书中内容按照案情介绍、法律解析、法条链接三个部分的体例展开，从专业法律分析的角度作出详细而全面的解答，并附录相关法律条文方便读者查找法律依据。希望本套丛书能够让人民群众读得懂、传得开、用得上，助力全国“八五”普法工作。

前　言

凡是具有中华人民共和国国籍的人都是中国公民。公民是一个法律概念，我国公民在法律面前一律平等，即所有公民平等地享有宪法和法律规定的权利、平等地履行宪法和法律规定的义务、平等地接受宪法和法律的保护或者惩罚、任何人都不得有超越宪法和法律的特权。法律对公民权利的保护渗透到了生活中的方方面面，作为一个守法公民，应该积极地去学习和了解法律，我们的一言一行都与法有关，法律已成了公民生活中的必需品。学习法律不仅可以使我们更清楚地认识到自己日常行为的后果，从而可以自觉地遵守法律，避免触犯法律；还可以在我们的合法权益受到他人的侵害时，知道如何用法律武器保护自己，防止维权无门或者采取极端措施自救。在此，为了配合广大公民学习和了解相关法律知识，我们特别编写了《公民应知应会法律知识学习手册》一书。

在内容上，本书主要有以下三方面：

第一，案情介绍。我们针对读者朋友选取了各种常见案例，用简练、通俗、生动的语言加以整理汇编，向大家展示了一个个似乎可以亲眼所见的故事，并引发思考，激发大家学习法律知识的兴趣。

第二，法律解析。针对案情介绍，我们从专业律师的角度给大家作出了详细而全面的解答，为大家解惑，使大家获得相关的法律知识。

第三，法条链接。在案情解析之后，我们又及时地列明了相关的法律条文，给大家一个宏观学习和了解法律专业知识的机会，从而更能加深对某一法律知识点的理解。

在特色上，本书主要有以下两方面：

第一，全面实用。本书囊括了与我们工作和生活有关的各种法律知识，相当全面，并且案情情景与法律知识点都是大家可能面临或遇到的，非常实用。

第二，通俗便捷。本书避开了“法言法语”，使用了通俗易懂的语言，力求把法律知识简易地传递给大家；在便捷性上，主要体现为大家能通过对小目录的查找，轻松找到相关的法律知识点，可谓一查便知。

当然，由于时间和水平的限制，书中难免有不妥之处，敬请批评指正！

目　录

第一章　公民的基本权利与义务

第二章　劳动就业

第三章　看病就医

第四章　消费维权

第五章　食品安全

第六章　签约履约

第七章　买房租房

第八章　婚姻家庭

第九章　人身与财产保护

第十章　老人、儿童、残疾人权益保障

第十一章　治安管理处罚

第十二章　刑事犯罪

第十三章　民事诉讼、调解与仲裁

第十四章　环境保护与资源利用

第一章

公民的基本权利与义务

我国公民的基本权利和义务是由我国根本大法《宪法》规定的。所谓公民的基本权利是指公民享有的基本的、必不可少的权利，主要有言论自由权、人身自由不受侵犯权、文化教育权、劳动权等。我国《宪法》对公民基本权利的规定具有广泛性和平等性，全国各族人民不分年龄、民族、性别、种族、职业、宗教信仰、财产状况、文化程度、政治地位等，平等地享有法律权利，平等地受到法律保护。同时，任何公民在享有宪法和法律规定的权利时，也必须履行宪法和其他法律规定的义务。我国公民的基本义务是公民必须履行的最低限度的责任，主要包括维护国家统一和各民族团结、遵守宪法和法律、维护祖国安全、荣誉和利益、保卫祖国、依法服兵役和参加民兵组织、依法纳税。

1. 言论自由是无底线的吗?

案　情

岳某与张某在高中时期是同班同学，也是好朋友。当年，张某因为遭遇猥亵去了国外，自此两人便失去了联系。2020 年年初，早已大学毕业的张某回国发展，巧的是，她和岳某进了同一家公司，并且成为岳某的顶头上司。对此，岳某一直不服，她接受不了当年的好朋友现在成了自己的领导，就决定找机会羞辱一下张某。于是，在和公司同事聊天时，岳某就把当年张某被猥亵的事情说了出来，而且将猥亵说成了强奸。公司同事一听都很吃惊，但大家觉得岳某这么做很不厚道，这是张某的隐私，岳某不应该随便告知他人。岳某却不这样认为，她觉得自己有言论自由，想说什么就可以说什么，别人管不着。那么，言论自由真如岳某所说吗？它是无底线的吗？

解　析

言论自由指公民通过各种语言形式表达其思想和见解的自由。每个公民都有言论自由的权利，这是《宪法》所赋予公民的一项基本权利。在学习、工作以及生活中，每个人对任何事情都可以表达自己的观点，说出自己的判断和意见，表明自己的态度和立场，但是言论自由并不等于想表达什么就表达什么，它也有自己的底线。如果夸大言论自由的权利，胡乱造谣，就是在伤害他人，这是法律所不允许的。在现行法律中，明确规定了对言论自由的限制，一般表现为：（1）不得侵犯他人的名誉权，否则构成诽谤；(2) 不得侵犯他人的隐私权，否则构成侵权；(3) 不得有猥亵和淫秽等违反善良风俗的言论；(4) 不得泄露国家机密、危害国家安全。很显然，本案例中的岳某透漏张某隐私并将其夸大，岳某的这一行为是对言论自由的不正当行使，应当加以限制。否则，她将会受到法律相应的处罚。

法 条

《中华人民共和国宪法》

第三十五条 中华人民共和国公民有言论、出版、集会、结社、游行、示威的自由。

《中华人民共和国刑法》

第二百四十六条 以暴力或者其他方法公然侮辱他人或者捏造事实诽谤他人，情节严重的，处三年以下有期徒刑、拘役、管制或者剥夺政治权利。

前款罪，告诉的才处理，但是严重危害社会秩序和国家利益的除外。

……

2. 游行示威活动也要遵守法律规定吗？

案 情

某县建立了一家化工厂。由于该化工厂离住宅区有些近，导致附近的居民经常闻到一股“臭鸡蛋”的味道。对此，居民们也向县政府有关部门反映过，但迟迟未得到令人满意的答复。后来，有居民提议组织一些人到当地县政府大楼以及化工厂区游行示威，以迫使政府相关部门尽快给大家一个满意的解决方案。其中一位居民还称，游行示威活动可以随便进行，大家应该尽快组织游行示威活动，早一点儿争取自己的权益。请问，该公民的说法正确吗？游行示威活动可以随便进行吗？

解　析

本案例中，该居民的说法是错误的，我国法律虽然赋予了公民游行示威权，但游行示威不是随随便便就可以进行的，依然要遵守相关的法律规定。根据《集会游行示威法》第三条、第四条、第五条、第六条的相关规定，公民要举行游行示威活动，须提前向公安机关提出申请，得到批准后方可按规定的时间及路线举行游行示威活动。未经公安机关批准，或者没有按照公安机关许可的目的、方式、标语、口号、起止时间、地点、路线等进行的，在进行中出现危害公共安全或者严重破坏社会秩序情况的，均属违法。由此可见，只有满足上述规定后，才可以进行游行示威活动，否则属于违法。案例中的居民希望通过游行示威的方式维护自己的权益，这本身是无可厚非的，但在组织游行示威活动时，一定要遵守相关法律的规定，依照法定的程序进行，否则，不但可能无法维权，反而会违法并受到处罚。

法　条

《中华人民共和国宪法》

第三十五条　中华人民共和国公民有言论、出版、集会、结社、游行、示威的自由。

《中华人民共和国集会游行示威法》

第三条 公民行使集会、游行、示威的权利，各级人民政府应当依照本法规定，予以保障。

第四条 公民在行使集会、游行、示威的权利的时候，必须遵守宪法和法律，不得反对宪法所确定的基本原则，不得损害国家的、社会的、集体的利益和其他公民的合法的自由和权利。

第五条 集会、游行、示威应当和平地进行，不得携带武器、管制刀具和爆炸物，不得使用暴力或者煽动使用暴力。

第六条 集会、游行、示威的主管机关，是集会、游行、示威举行地的市、县公安局、城市公安分局；游行、示威路线经过两个以上区、县的，主管机关为所经过区、县的公安机关的共同上一级公安机关。

3. 公民住宅是可以随便搜查的吗？

案 情

杨某与刘某是邻居。虽然两家人住对门已经好几年，关系却并不和睦，经常因为小事发生矛盾。某日早上，杨某把家里剩余的半桶油漆放在门口，但等到中午回来时发现油漆不见了，杨某的第一反应就是怀疑被对门的刘某偷走了。于是，杨某立刻敲开了刘某家的门，向刘某讨要油漆。刘某称自己既没有见过杨某家门口的油漆，也没有拿过。杨某不相信，情急之下坚持要搜查刘某的家。对此，刘某感到十分生气，他认为杨某简直就是在无理取闹，坚决不允许杨某搜查自己的家。那么，杨某有权搜查刘某的家吗？

解　析

我国《宪法》第三十九条规定，中华人民共和国公民的住宅不受侵犯。禁止非法搜查或者非法侵入公民的住宅。因此，我国法律保护公民的住宅不受侵犯，任何人或单位非经法定程序，不得搜查或者非法入侵公民的住宅。根据我国《刑法》《刑事诉讼法》的规定，公安机关、人民检察院在办理刑事案件过程中可以进行搜查，但这是为追究犯罪依法采取的一种侦查措施，而且，搜查必须按照法律规定的程序进行。由此可见，公民的住宅是不能随便搜查的。在本案例中，虽然杨某家的油漆是在门口丢失的，但也不能证明该油漆就是被刘某所偷。即便杨某怀疑刘某，也只能向公安机关报案，不能自行搜查刘某的家。如果杨某坚持强行搜查刘某家就属于违法行为，理应受到相应的处罚。

法　条

《中华人民共和国宪法》

第三十九条　中华人民共和国公民的住宅不受侵犯。禁止非法搜查或者非法侵入公民的住宅。

《中华人民共和国刑法》

第二百四十五条　非法搜查他人身体、住宅，或者非法侵入他人住宅的，处三年以下有期徒刑或者拘役。

司法工作人员滥用职权，犯前款罪的，从重处罚。

4. 偷看他人信件属于侵犯通信自由吗?

案 情

随着时代的进步，虽然网络已经普及，人们之间的沟通经常会选择电话、电子邮件等，但还是有不少人喜欢写信，王某就是其中一位。王某是某大学的在校生，其男朋友在老家工作，两人除了用手机联系以外，也会互通信件。某日，王某又收到了男朋友寄来的信，但这次收到的信与往常不一样，信封好像已经被人拆过。晚上，王某与舍友聊天时说起了此事，其中一位舍友听后立即称自己最近也遇到过这样的事。没过多久，学校的其他同学纷纷反映被私拆过信件。后来，学校保安部经过调查得知，是收发室的工作人员黄某私拆了学生的信件。学生们都十分生气，认为黄某侵犯了他们的通信自由，要求黄某承担相应的责任。那么，黄某是否侵犯了学生们的通信自由呢?

解 析

公民的通信自由，是指对于公民的通信，他人不得隐匿、毁弃、拆阅或者窃听。在现实生活中，很多人往往出于好奇或者无聊，会偷看他人的短信、通话记录以及信件内容。这一行为往往导致被偷看者的隐私被公之于众，最终伤害他们的自尊心。对此，我国《宪法》第四十条明确规定，中华人民共和国公民的通信自由和通信秘密受法律的保护。除因国家安全或者追查刑事犯罪的需要，由公安机关或者检察机关依照法律规定的程序对通信进行检查外，任何组织或者个人不得以任何理由侵犯公民的通信自由和通信秘密。因此，我国法律明令禁止任何个人或者单位侵犯公民的通信自由和通信秘密，即使是父母与子女，亲朋与好友之间，未经对方同意也不得私自查看、拆阅他人的信息、信件，否则，就违反了法律规定，被侵权人可以通过法律途径维护自己的权益。本案例中，黄某利用工作之便私拆学生们的信件，其行为侵犯了学生们的通信自由，违反了我国的法律规定，理应受到相应的处罚。

法　条

《中华人民共和国宪法》

第四十条　中华人民共和国公民的通信自由和通信秘密受法律的保护。除因国家安全或者追查刑事犯罪的需要，由公安机关或者检察机关依照法律规定的程序对通信进行检查外，任何组织或者个人不得以任何理由侵犯公民的通信自由和通信秘密。

5. 超市保安可以强制搜查顾客物品并扣留顾客吗？

案　情

一天下午，沈某到某超市买东西，可等到付款后离开时，超市的电子报警装置突然发出了响声，该超市保安人员见状立即将沈某的包夺过来进行检查，甚至在未查明事实真相的情况下，就把沈某带到了办公室，并强制扣留了半个多小时，任凭沈某如何解释也无济于事，还引来不少群众围观。后来，经过核查才得知是因超市收银员的疏忽，未将沈某所购物品消磁，才导致沈某离开时报警装置响铃。事情查清楚后，保安将沈某放走。但此时的沈某愤怒至极，他认为自己的身心已经受到了严重的伤害，要求超市公开赔礼道歉，并赔偿精神损失费。那么，沈某有权要求超市道歉并赔偿损失吗？

解 析

超市的行为属于侵犯沈某人格尊严的做法，已经违反了我国法律的规定，是一种侵权行为，依法应当承担侵权责任。人格尊严权，是指与公民人身有密切联系的名誉、姓名、肖像等不容侵犯的权利，是公民所具有的自尊心以及应当受到社会和他人最起码的尊重的权利，具体包括名誉权、肖像权、姓名权、隐私权以及荣誉权等，而本案例中的超市显然已经侵犯了沈某的人格尊严。

我国法律保护公民的人格尊严，他人的人格尊严依法不容侵犯。根据《宪法》第三十八条的规定，我国公民的人格尊严不受侵犯。禁止用任何方法对公民进行侮辱、诽谤和诬告陷害。本案例中，超市保安在未查明事实真相的情况下，私自搜查沈某的物品，并将其带入办公室强制扣留半个多小时的行为，是对沈某人格尊严和人身自由权的侵犯，超市的这一行为给沈某带来了极大的精神伤害，是法律所禁止的。因此，沈某有权要求超市公开赔礼道歉并赔偿精神损失费。

法 条

《中华人民共和国宪法》

第三十八条 中华人民共和国公民的人格尊严不受侵犯。禁止用任何方法对公民进行侮辱、诽谤和诬告陷害。

《中华人民共和国民法典》

第一百七十九条 承担民事责任的方式主要有：

（一）停止侵害；

（二）排除妨碍；

（三）消除危险；

（四）返还财产；

（五）恢复原状；

（六）修理、重作、更换；

（七）继续履行；

（八）赔偿损失；

（九）支付违约金；

（十）消除影响、恢复名誉；

（十一）赔礼道歉。

法律规定惩罚性赔偿的，依照其规定。

本条规定的承担民事责任的方式，可以单独适用，也可以合并适用。

第一千零一十一条　以非法拘禁等方式剥夺、限制他人的行动自由，或者非法搜查他人身体的，受害人有权依法请求行为人承担民事责任。

第一千一百八十三条第一款　侵害自然人人身权益造成严重精神损害的，被侵权人有权请求精神损害赔偿。

6. 企业对应聘者有性别上的要求属于侵犯公民平等权吗?

案 情

佟某从小就很喜欢画画，上大学后如愿以偿地进入广告设计专业学习，并以优异的成绩毕业。毕业后，佟某也如其他毕业生一样踏上了找工作的征程。2020 年 10 月，佟某在某招聘网站上看到一家不错的企业正在招聘设计师助理一职，而且符合全部招聘条件。可当佟某去面试的时候，该企业面试人员却称只招收女助理。对此，佟某非常不解，心想难道设计师助理的工作也有男女之分吗？再说招聘信息上也没有写明只招收女助理啊！那么，企业对应聘者有性别上的要求属于侵犯公民平等权吗？

解 析

平等不仅是法律基本原则，也是公民基本权利。我国《宪法》明确规定，公民在法律面前一律平等。也就是说，公民同等地依法享有权利和履行义务，不受任何差别对待。法律面前的平等指权利能力的平等，而非行为能力的平等。平等权包括男女平等、民族平等以及公民在法律适用面前一律平等。当然，为了保护老人、妇女、儿童的权利，我国法律专门制定了《老年人权益保障法》《妇女权益保障法》《未成年人保护法》等，这些法律是基于上述人员的特殊性予以的特殊保护，与法律面前人人平等并不矛盾，反而是贯彻平等原则的一种表现。除此之外，无论在何种情况下，任何个人和单位都必须尊重和坚持这一基本原则，维护公民的基本权利。

根据法律的规定，劳动权是每一位公民都平等享有的一项权利，任何个人和单位都不得侵犯劳动者的劳动权利。而企业在招聘时，如果岗位的工作性质对性别没有特殊要求，却给予公民以差别对待，这种行为明显构成了对这些公民的歧视，侵犯了他们的平等权。本案例中，设计师助理的工作性质对性别没有特殊要求，而佟某在各方面条件均符合的情况下，被招聘企业以性别为由拒绝聘用，这是对佟某的不公平对待，侵犯了佟某的平等就业权。

法　条

《中华人民共和国宪法》

第三十三条第二款　中华人民共和国公民在法律面前一律平等。

《中华人民共和国劳动法》

第三条　劳动者享有平等就业和选择职业的权利、取得劳动报酬的权利、休息休假的权利、获得劳动安全卫生保护的权利、接受职业技能培训的权利、享受社会保险和福利的权利、提请劳动争议处理的权利以及法律规定的其他劳动权利。

劳动者应当完成劳动任务，提高职业技能，执行劳动安全卫生规程，遵守劳动纪律和职业道德。

第十二条　劳动者就业，不因民族、种族、性别、宗教信仰不同而受歧视。

第十三条　妇女享有与男子平等的就业权利。在录用职工时，除国家规定的不适合妇女的工种或者岗位外，不得以性别为由拒绝录用妇女或者提高对妇女的录用标准。

7. 歪曲事实检举他人是行使检举权的表现吗？

案　情

唐某与孙某不仅是同事，而且还是老乡，两人同一年进入司法机关工作。后因唐某为人真诚，待人亲和，工作认真负责，很快就被升职。孙某得知唐某升职后非常嫉妒，他不明白为什么他俩同时进入单位，能力水平一样，唐某却能很快升职，而自己还是一名普通科员。为此，孙某非常看不惯仕途如此顺利的唐某，甚至决定打击一下唐某。2020 年 9 月，孙某向有关部门写了一封关于唐某包养情人的举报信，并附上了唐某与某女子拥抱的照片。可经过一系列调查后，证明该举报不实，照片里的女子是唐某的姐姐，当时唐某正在为姐姐庆祝生日，在场的还有其他人。有关部门决定对孙某进行处分，但孙某却坚持认为自己是在行使检举权，受法律保护。那么，孙某的这种做法是行使检举权的表现吗?

解 析

检举权是指公民对于违法失职的国家机关和工作人员的违法失职行为，有向有关机关揭发事实、请求依法处理的权利。这是法律赋予公民的一项权利，目的是增强对国家机关和公职人员的社会监督。根据我国《宪法》第四十一条的规定，……对于任何国家机关和国家工作人员的违法失职行为，有向有关国家机关提出申诉、控告或者检举的权利，但是不得捏造或者歪曲事实进行诬告陷害。据此可知，公民依法享有检举权，进行检举的权利受法律保护，但是，那些心怀不轨的人借着检举之名，对一些正直的官员打击报复，无中生有，捏造或歪曲事实，匿名发一些举报材料的，并不是行使检举权的表现，严重的有可能会涉嫌构成侮辱、诽谤。公民行使批评建议、申诉、控告或者检举权利时，必须实事求是，绝不能捏造或者歪曲事实进行诬告陷害。本案中，孙某举报的是虚假事实，不是行使检举权的表现，而是对唐某合法权益的侵犯。

法　条

《中华人民共和国宪法》

第四十一条第一款　中华人民共和国公民对于任何国家机关和国家工作人员，有提出批评和建议的权利；对于任何国家机关和国家工作人员的违法失职行为，有向有关国家机关提出申诉、控告或者检举的权利，但是不得捏造或者歪曲事实进行诬告陷害。

《中华人民共和国刑法》

第二百四十六条　以暴力或者其他方法公然侮辱他人或者捏造事实诽谤他人，情节严重的，处三年以下有期徒刑、拘役、管制或者剥夺政治权利。

前款罪，告诉的才处理，但是严重危害社会秩序和国家利益的除外。

……

8. 公民服兵役有学历上的要求吗?

案　情

吴某生长在单亲家庭里，由于受家庭环境的影响，吴某的性格一直很孤僻。在学校里，吴某几乎没什么朋友，上课也从不主动回答问题，学习成绩中等偏下，后来高中没毕业就中途退学了。吴某的父亲非常担心儿子如果一直这样下去会影响以后的人生，经再三考虑后决定将吴某送到部队上锻炼锻炼。一天，吴某的父亲和同事聊天时，说起了想让儿子当兵的事情，但同事说，现在当兵好像挺难的，不光对身体素质有要求，而且对学历也有要求，吴某连高中都没毕业，审查应该不会通过，估计当不了兵。那么，吴某真的当不了兵吗？公民服兵役有学历上的要求吗？

解　析

我国《兵役法》第三条第一款规定，中华人民共和国公民，不分民族、种族、职业、家庭出身、宗教信仰和教育程度，都有义务依照本法的规定服兵役。国家的安危与每个公民的切身利益息息相关，保卫祖国是每个公民不可推卸的责任，而服兵役就是公民履行保卫祖国义务的具体体现，是公民一项光荣的义务。如果因为民族、种族、职业、家庭出身、宗教信仰或者教育程度等方面的不同，而导致公民服兵役的情况产生差异，就会造成全体公民在服兵役问题上权利和义务的不公平和不对等，因此，法律明确规定所有的中国公民都有义务服兵役。当然，法律规定有严重生理缺陷或者严重残疾不适合服兵役的以及依照法律被剥夺政治权利的人，不能服兵役，这是由他们的身体状况或者权利状况等一些客观因素造成的，并没有实际上的歧视或是差异对待，不会造成不公平。所以在本案例中，如果吴某体检合格，政审中不存在违法犯罪的记录，其学历不会影响吴某当兵。

法　条

《中华人民共和国兵役法》

第三条　中华人民共和国公民，不分民族、种族、职业、家庭出身、宗教信仰和教育程度，都有义务依照本法的规定服兵役。

有严重生理缺陷或者严重残疾不适合服兵役的人，免服兵役。

依照法律被剥夺政治权利的人，不得服兵役。

9. 公民可以对国家工作人员行使批评和建议权吗?

案　情

田某现任某市市委书记一职。工作多年来，他一直践行党的群众路线，放下“官架子”，走进群众中去倾听他们的心声。而且在工作上，田某更是认真负责，没有犯过任何错误，还为百姓解决了不少问题，深受人们的拥护。2020 年 7 月，田某趁休息之际乘坐公交车“微服”私访，体察民情，与百姓们畅谈，当他询问他们有无困难时，一名男子当众批评了田某去年的一项惠民工作落实得不够完善，并提出了自己的建议。在场的其他人都觉得这位男士的行为太不近人情了，可男子却觉得这是自己行使批评、建议权的表现。请问，公民可以对国家工作人员行使批评和建议权吗?

解　析

批评权是指公民对国家机关和国家工作人员在工作中的缺点、错误，有提出批评意见的权利；建议权是指公民对国家机关、国家工作人员的工作有提出建设性意见和建议的权利。我国《宪法》第四十一条第一款规定，中华人民共和国公民对于任何国家机关和国家工作人员，有提出批评和建议的权利；对于任何国家机关和国家工作人员的违法失职行为，有向有关国家机关提出申诉、控告或者检举的权利，但是不得捏造或者歪曲事实进行诬告陷害。由此可见，公民享有对任何国家机关和国家工作人员提出批评和建议的权利，批评和建议权是人民监督的一种，是公民的一项民主权利，是公民参与国家管理和社会事务的表现。需要注意的是，这里的批评和建议的对象是国家机关及其工作人员，批评和建议的范围针对的是国家机关及其工作人员的公务行为。同时，为了保障我国公民批评和建议权的顺利行使，我国建立健全了一系列相关制度，如代表联系群众制度、信访举报制度、新闻监督制度以及其他制度。只有加强人民监督，保证公民行使批评和建议权，才能使国家机关及其工作人员勤政、廉洁，才能使政府取信于民，才能使国家长治久安。案例中该名男子的做法是行使公民批评、建议权的表现，能够督促田某更好地勤政为民。

法 条

《中华人民共和国宪法》

第四十一条 中华人民共和国公民对于任何国家机关和国家工作人员，有提出批评和建议的权利；对于任何国家机关和国家工作人员的违法失职行为，有向有关国家机关提出申诉、控告或者检举的权利，但是不得捏造或者歪曲事实进行诬告陷害。

对于公民的申诉、控告或者检举，有关国家机关必须查清事实，负责处理。任何人不得压制和打击报复。

由于国家机关和国家工作人员侵犯公民权利而受到损失的人，有依照法律规定取得赔偿的权利。

10. 不具备本地户口的外地人有选举权吗？

案　情

2010年，林某携妻儿来到某市创业，一转眼就已经10年之久。这10年里，林某在该市购买了房子、车子，一家人生活得非常幸福，唯一的遗憾就是至今没有本地户口，以至于儿子一直是以借读生的身份在该市上学。10月，该市进行区人大代表换届选举工作。林某所居住小区的居民都拿到了选票，唯独他没有。林某对此不解，便向小区的街道主任询问原因，街道主任给的答复是，林某虽然在这里生活了10年，但并没有本地户口，因此不具有选举权。那么，该街道主任的说法正确吗？难道不具备本地户口的外地人就真的没有选举权吗？

解　析

根据我国《宪法》第三十四条的规定，只要是年满十八周岁的中华人民共和国公民，不分民族、种族、性别、职业、家庭出身、宗教信仰、教育程度、财产状况、居住期限，都有选举权和被选举权。这充分体现了我国选举的普遍性和广泛性，任何个人和组织都不得以他人在其居住的地方没有“户口”或者没有“暂住证”为由而剥夺其选举权。本案例中，林某虽然是不具备本地户口的外地人，但他已经是成年人且没有被依法剥夺政治权利，完全符合选民的条件，理应享有参加当地地区人大代表换届选举活动的权利，相关人员不发给林某选票的行为是违法的。

法 条

《中华人民共和国宪法》

第三十四条 中华人民共和国年满十八周岁的公民，不分民族、种族、性别、职业、家庭出身、宗教信仰、教育程度、财产状况、居住期限，都有选举权和被选举权；但是依照法律被剥夺政治权利的人除外。

《中华人民共和国全国人民代表大会和地方各级人民代表大会选举法》

第四条 中华人民共和国年满十八周岁的公民，不分民族、种族、性别、职业、家庭出身、宗教信仰、教育程度、财产状况和居住期限，都有选举权和被选举权。

依照法律被剥夺政治权利的人没有选举权和被选举权。

11. 宪法如何保障公民的举报权?

案 情

随着反腐倡廉的大力进行，人民群众的思想意识也在随之进步，面对贪污腐败的国家机关及其工作人员，老百姓们没有选择忍气吞声，而是通过正常渠道进行检举和批评。这不，某市的何女士就是其中的一员。何女士是某公立学校的一名老师，今年年初，她发现该校存在“吃空饷”的现象，对此，何女士非常生气，经过考虑之后决定向有关部门举报。那么，对于学校部分老师“吃空饷”的行为，何女士有权进行举报吗？宪法如何保障何女士的举报权呢？

解 析

我国《宪法》第四十一条规定，中华人民共和国公民对于任何国家机关和国家工作人员，有提出批评和建议的权利；对于任何国家机关和国家工作人员的违法失职行为，有向有关国家机关提出申诉、控告或者检举的权利，但是不得捏造或者歪曲事实进行诬告陷害。对于公民的申诉、控告或者检举，有关国家机关必须查清事实，负责处理。任何人不得压制和打击报复。由于国家机关和国家工作人员侵犯公民权利而受到损失的人，有依照法律规定取得赔偿的权利。由此可见，公民对于国家机关工作人员的行为，有权利提出批评、举报、申诉或者控告，只要不是捏造或者歪曲事实进行诬告陷害，其享有的上述权利受法律保护。而对于国家机关来讲，收到公民的批评或者举报时，必须查清事实，不得进行打击报复。如果国家机关和国家工作人员侵犯公民权利而致使公民受到损失的，公民可以依照《国家赔偿法》的规定，获得相应赔偿。因此，本案例中，何女士对于自己发现的学校部分老师“吃空饷”的行为，依法享有举报的权利。

法 条

《中华人民共和国宪法》

第四十一条 中华人民共和国公民对于任何国家机关和国家工作人员，有提出批评和建议的权利；对于任何国家机关和国家工作人员的违法失职行为，有向有关国家机关提出申诉、控告或者检举的权利，但是不得捏造或者歪曲事实进行诬告陷害。

对于公民的申诉、控告或者检举，有关国家机关必须查清事实，负责处理。任何人不得压制和打击报复。

由于国家机关和国家工作人员侵犯公民权利而受到损失的人，有依照法律规定取得赔偿的权利。

12. 公民有权干涉他人的宗教信仰自由吗？

案　情

高某的爷爷奶奶都是资深的佛教信仰者。由于从小受到家人的影响，高某对佛教也有一定的了解。2020 年 4 月，高某突然发起了高烧，去各大医院进行检查都未查出病因。可自从高某听了爷爷奶奶的建议开始信仰佛教后，病情真的有所好转，因此，这更加深了高某对佛教的信仰。从此，每当高某和朋友、同事们聊天时，都会偶尔说一些关于佛教上的理论和观点。慢慢地，高某便开始劝说一些同事、亲朋好友信仰佛教，当有人不愿听信高某的说法时，高某往往会很是不满，甚至采用轮番说服、软磨硬泡的方法劝人信教。那么请问，高某有权干涉他人的宗教信仰自由吗？

解　析

宗教信仰自由是公民在日常生活中的一项基本权利。所谓宗教信仰自由，是指公民有信教或者不信教的自由，有信仰这种宗教或者信仰那种宗教的自由，有信仰同宗教中的这个教派和那个教派的自由，有过去信教现在不信教或者过去不信教而现在信教的自由。根据我国《宪法》第三十六条第一款、第二款的规定，中华人民共和国公民有宗教信仰自由。任何国家机关、社会团体和个人不得强制公民信仰宗教或者不信仰宗教，不得歧视信仰宗教的公民和不信仰宗教的公民。所以，本案例中的高某是无权干涉他人信不信教的，如果高某的行为扰乱了他人正常的生活秩序，这些人在无奈之下，完全可以使用法律手段保护自己的合法权益。

法 条

《中华人民共和国宪法》

第三十六条 中华人民共和国公民有宗教信仰自由。

任何国家机关、社会团体和个人不得强制公民信仰宗教或者不信仰宗教，不得歧视信仰宗教的公民和不信仰宗教的公民。

国家保护正常的宗教活动。任何人不得利用宗教进行破坏社会秩序、损害公民身体健康、妨碍国家教育制度的活动。

宗教团体和宗教事务不受外国势力的支配。

第二章

劳动就业

在现实生活中，工资收入构成我们的主要生活来源。众所周知，在劳动关系中，用人单位处于相对强势地位，而劳动者处于相对劣势地位。实践中，用人单位侵犯劳动者合法权益的现象屡见不鲜。例如，用人单位不和劳动者签订劳动合同、违法解除劳动合同、在试用期内不向劳动者支付工资或支付的工资过少等等。因此，为了更好地保护我们的合法权益，我们有必要了解一些与劳动就业相关的法律知识，这样，当我们遇到劳动纠纷的时候，就不会再手足无措，不知如何应对。

1. 劳动者谎报工作经历，用人单位可以与其解除劳动合同吗?

案　情

刘某即将大学毕业，他想到某外企应聘一份翻译工作，但是，该外企的招聘信息要求应聘者具备三年以上的翻译工作经历。刘某因特别想去这家公司工作，便在简历中谎报自己有工作经历。后来，刘某顺利地进入该外企，他的工作能力也得到了同事及领导的认可。但是，在一次审查中，公司无意间发现刘某虚报工作经历，公司认为刘某的不诚信行为可能会影响公司的利益，所以打算解除与刘某签订的劳动合同。请问，用人单位发现劳动者谎报工作经历的，可以与劳动者解除劳动合同吗?

解　析

用人单位发现劳动者谎报工作经历的，可以与劳动者解除劳动合同。根据《劳动合同法》第二十六条第一款的规定，以欺诈、胁迫的手段或者乘人之危，使对方在违背真实意思的情况下订立或者变更劳动合同的，该合同无效或者部分无效。也就是说，利用欺诈的手段订立劳动合同的，因签订劳动合同的行为并非劳动合同相对方的真实意思表示，会导致该劳动合同无效或部分无效。本案例中的刘某，谎报自己有工作经历，从而使自己符合了招聘条件，实属欺诈行为，这一欺诈行为导致劳动合同无效。同时，根据我国《劳动合同法实施条例》第十九条第六项的规定，劳动者以欺诈、胁迫的手段或者乘人之危，使用人单位在违背真实意思的情况下订立或者变更劳动合同的，用人单位可以依法解除与劳动者的劳动合同。可见，劳动者以欺诈的手段，使用人单位与其签订劳动合同的，用人单位有权解除该劳动合同。可以得知，刘某的欺诈行为使得用人单位违背自己的真实意愿而与其签订了劳动合同，所以，用人单位有权解除和刘某的劳动合同。

法　条

《中华人民共和国劳动合同法》

第二十六条第一款　下列劳动合同无效或者部分无效：

（一）以欺诈、胁迫的手段或者乘人之危，使对方在违背真实意思的情况下订立或者变更劳动合同的；

……

《中华人民共和国劳动合同法实施条例》

第十九条　有下列情形之一的，依照劳动合同法规定的条件、程序，用人单位可以与劳动者解除固定期限劳动合同、无固定期限劳动合同或者以完成一定工作任务为期限的劳动合同：

……

（六）劳动者以欺诈、胁迫的手段或者乘人之危，使用人单位在违背真实意思的情况下订立或者变更劳动合同的；

……

2. 劳动者在试用期内的工资标准是什么?

案　情

2020年，张某辞掉北京的工作，打算去男朋友所在的城市天津找一份新工作。张某来到天津以后，开始了漫漫求职路，经过无数次的面试，她终于如愿以偿与心仪的公司签订了劳动合同，工作岗位是文职工作，合同中约定了转正后的工资为每个月5000元，但是没有约定试用期的工资标准。第一个月结束后，公司只支付了张某700元的工资，张某觉得700元太少，不够自己的生活开销。于是，她找到公司的相关负责人询问此事，相关负责人回复她，700元是每位试用期内的员工所获得的劳动报酬。张某认为公司给员工试用期内的工资过低，公司的做法不符合法律规定。请问，劳动者试用期内的工资标准是什么？

解　析

根据我国《劳动合同法实施条例》第十五条的规定，“劳动者在试用期的工资不得低于本单位相同岗位最低档工资的80%或者不得低于劳动合同约定工资的80%，并不得低于用人单位所在地的最低工资标准”。可见，法律对试用期内的工资问题作了明确的规定，目的是防止用人单位向处于试用期的劳动者支付过低工资，从而保障劳动者的生存权。张某在试用期内，单位每个月仅向其发放700元工资的做法违反了法律关于试用期工资标准的强制性规定，属于违法行为，张某有权要求公司支付其合理的工资。

法 条

《中华人民共和国劳动合同法实施条例》

第十五条 劳动者在试用期的工资不得低于本单位相同岗位最低档工资的80%或者不得低于劳动合同约定工资的80%，并不得低于用人单位所在地的最低工资标准。

3. 劳动合同期满后未续签而双方继续履行的，劳动合同是否有效?

案 情

2019年年初，孙某开始在一家公司工作，公司与其签订了为期两年的劳动合同。两年期间里，孙某工作态度认真负责，为公司创造了很多业绩，其工作能力得到了大家的一致认可。2021年年初，孙某的劳动合同到期，但是，公司并未与其续签劳动合同，孙某也没有提出与公司续签劳动合同的请求。至今，孙某仍然在该公司上班，公司也按时支付他的工资。请问，劳动合同期满后，用人单位和劳动者之间没有续签劳动合同，如果双方继续履行原劳动合同，原劳动合同对双方有约束力吗?

解 析

劳动合同期满后未续签，双方继续履行的，该劳动合同有效。《劳动合同法》第五十条规定，用人单位应当在解除或者终止劳动合同时出具解除或者终止劳动合同的证明，并在十五日内为劳动者办理档案和社会保险关系转移手续。劳动者应当按照双方约定，办理工作交接。用人单位依照本法有关规定应当向劳动者支付经济补偿的，在办结工作交接时支付。用人单位对已经解除或者终止的劳动合同的文本，至少保存二年备查。可见，用人单位如果想解除与劳动者的劳动合同，则需要出具解除劳动合同的证明，并为劳动者办理相应的手续。本案例中，劳动合同期满后，孙某的公司并未出具解除劳动合同的证明，代表公司愿意继续与孙某维持劳动关系。那么，此后劳动者的相关待遇怎样确定呢？《最高人民法院关于审理劳动争议案件适用法律问题的解释（一）》第三十四条第一款规定，劳动合同期满后，劳动者仍在原用人单位工作，原用人单位未表示异议的，视为双方同意以原条件继续履行劳动合同。一方提出终止劳动关系的，人民法院应予支持。所以，案例中涉及的劳动合同有效，本案的情形可以视为孙某与公司同意继续履行原劳动合同。

法　条

《中华人民共和国劳动合同法》

第五十条　用人单位应当在解除或者终止劳动合同时出具解除或者终止劳动合同的证明，并在十五日内为劳动者办理档案和社会保险关系转移手续。

劳动者应当按照双方约定，办理工作交接。用人单位依照本法有关规定应当向劳动者支付经济补偿的，在办结工作交接时支付。

用人单位对已经解除或者终止的劳动合同的文本，至少保存二年备查。

《最高人民法院关于审理劳动争议案件适用法律问题的解释（一）》

第三十四条第一款 劳动合同期满后，劳动者仍在原用人单位工作，原用人单位未表示异议的，视为双方同意以原条件继续履行劳动合同。一方提出终止劳动关系的，人民法院应予支持。

4. 新的投资人有权在员工劳动合同未履行完毕之前，不履行劳动合同吗？

案 情

某公司是一家大型上市公司，投资人变更频繁。2020年年初，40岁的韩某投入了较高的资金，成为该公司最大的股东，韩某经常来公司查看公司的运作情况。其间，韩某留意到一位刚毕业的新员工美貌与气质兼具，便对该员工展开追求，但是该员工认为韩某年龄太大而婉言拒绝了。韩某觉得自己很没有面子，于是，他找到相关负责人，要求负责人以该员工工作不积极为由将其开除。该员工很意外地收到开除通知书，她认为该开除通知书理由不属实。请问，用人单位变更了投资人后，新投资人有权在职工的劳动合同履行届满之前不履行劳动合同吗？

解 析

公司的新投资人无权在劳动合同未履行完毕之前，不履行劳动合同。根据我国《劳动合同法》第三十三条的规定，用人单位变更名称、法定代表人、主要负责人或者投资人等事项，不影响劳动合同的履行。可见，法律明确规定了投资人的变更不会影响原劳动合同的履行。本案例中的投资人韩某追求公司员工失败后，产生报复心理，于是，命令相关负责人开除该员工，属于违法解除劳动合同的情形。同时，解除劳动合同须经法定程序，即提前一个月书面告知劳动者或额外支付一个月的工资。所以，在本案例中，韩某临时决定开除该女员工的行为是违法的。

法　条

《中华人民共和国劳动合同法》

第三十三条　用人单位变更名称、法定代表人、主要负责人或者投资人等事项，不影响劳动合同的履行。

5. 公司可否单方更改劳动合同的期限？

案　情

2017 年，赵某大学毕业后，到某公司面试。面试顺利通过后，与该公司签订了为期 3 年的劳动合同，劳动合同中还约定了工资、岗位等内容。赵某为人谦虚谨慎，工作认真负责，适应能力强，因而得到领导的器重。2020 年，劳动合同到期，赵某打算辞掉这份工作，跳槽到一家新公司，换一个新的工作环境。但是公司却不同意，称赵某与公司的劳动合同还没有到期。当相关负责人将劳动合同拿给赵某看的时候，赵某发现劳动合同的期限被公司改动了，由 3 年改为 6 年。请问，用人单位可以单方改动劳动合同的期限吗？

解析

用人单位在未与职工协商的情况下，无权单方改动劳动合同的期限。根据《劳动合同法》第二十九条的规定，用人单位与劳动者应当按照劳动合同的约定，全面履行各自的义务。也就是说，用人单位和劳动者签订劳动合同后，双方都需要严格按照合同的约定，全面履行各自的义务，不能部分或不完全地履行各自的义务。同时，根据《劳动法》第十七条的规定，“订立和变更劳动合同，应当遵循平等自愿、协商一致的原则，不得违反法律、行政法规的规定。劳动合同依法订立即具有法律约束力，当事人必须履行劳动合同规定的义务”。可见，劳动合同自订立后就拥有约束双方的效力，因这种约束力的存在，合同中约定的条款不得随意变更。变更劳动合同只能建立在自愿平等的基础上，且经过双方协商一致后才能作出变更。本案例中，公司与赵某签订的劳动合同的期限为3年，公司意欲变更劳动合同的期限，需与赵某协商，经赵某同意后才能对合同条款作出变更。未经职工同意的劳动合同条款变更，属于无效的变更。

法条

《中华人民共和国劳动合同法》

第二十九条 用人单位与劳动者应当按照劳动合同的约定，全面履行各自的义务。

《中华人民共和国劳动法》

第十七条 订立和变更劳动合同，应当遵循平等自愿、协商一致的原则，不得违反法律、行政法规的规定。

劳动合同依法订立即具有法律约束力，当事人必须履行劳动合同规定的义务。

6. 员工上班开微店，用人单位可以将其解聘吗？

案　情

2020年年初，年近50岁的王某与某公司签订了劳动合同，工作岗位是门卫一职。王某发现自己的工作内容并不需要付出太多精力，所以想边上班边开微店赚点外快。没过几天，物业经理发现小区内总是有外来人员闲逛，而且时常有业主反映有丢东西的情况。经理找到王某时，发现他正在专注地管理自己的微店，经理认为王某在上班期间开微店会分散他的注意力，严重违反了物业公司的规章制度，他的失职行为导致了外来人员的进入和小区盗窃案件的发生。经理多次劝诫王某无果后，欲解除与王某的劳动合同。请问，员工上班开微店，用人单位可以将其解聘吗？

解　析

员工上班开微店，如果严重违反用人单位的规章制度，用人单位可以将其解聘。根据我国《劳动合同法》第三十九条的规定，劳动者严重违反用人单位的规章制度的，用人单位可以与其解除劳动合同。《劳动合同法》不仅规定了劳动者的各项权利，同时还赋予用人单位单方解除劳动合同的权利，当劳动者的失职行为严重影响用人单位的利益时，用人单位可以解除与该劳动者签订的劳动合同。本案例中，王某在上班期间开微店，经理多次劝告仍不改正，严重违反了用人单位的规章制度。另外，该失职行为已经严重影响了小区的安全，危及业主的利益，所以物业公司有权解聘王某。

法　条

《中华人民共和国劳动合同法》

第三十九条　劳动者有下列情形之一的，用人单位可以解除劳动合同：

……

（二）严重违反用人单位的规章制度的；

……

7. 用人单位能否因劳动者患抑郁症而将其辞退？

案　情

何某于2020年6月大学毕业，其读大学期间学的是机械专业，是班上唯一的女生。7月，何某在某公司的面试中脱颖而出，顺利地与该公司签订了劳动合同。但是，不久后，公司的相关负责人发现何某性格孤僻，不爱与人交流，不擅长团队合作，直接影响了她的工作质量。公司同事也反映何某脾气秉性怪异，而且孤僻易怒。经查，公司发现在大学期间是全班唯一女生的经历，对何某的心理产生了不良影响，其在大学期间就患上了抑郁症，而且久治不愈。请问，当公司发现何某不能胜任公司的岗位后，能以其患有抑郁症而将其辞退吗？

解　析

本案例中，如果何某不能从事公司另行安排的其他工作，公司可以以何某患有抑郁症而将其辞退。按照我国《劳动合同法》第四十条的规定，劳动者患病或者非因工负伤，在规定的医疗期满后不能从事原工作，也不能从事由用人单位另行安排的工作的，用人单位提前三十日以书面形式通知劳动者本人或者额外支付劳动者一个月工资后，可以解除劳动合同。可见，劳动者因工作以外的原因患病或负伤的，医疗期满后不能继续从事原工作，也不能从事单位安排的其他工作的，用人单位可以解除劳动合同。需要注意的是，用人单位解除与劳动者签订的劳动合同需要同时满足以下四个条件：一是劳动者失去劳动能力不是因为工作的原因；二是已经过了法律规定的医疗期；三是不能从事原工作及另行安排的工作；四是用人单位解除劳动合同需要提前三十日书面通知劳动者或额外支付劳动者一个月的报酬。本案例中的何某在工作前就患上了抑郁症，而且久治不愈，如果她不能从事公司安排的其他工作，那么用人单位有权解除与其签订的劳动合同。

法　条

《中华人民共和国劳动合同法》

第四十条　有下列情形之一的，用人单位提前三十日以书面形式通知劳动者本人或者额外支付劳动者一个月工资后，可以解除劳动合同：

（一）劳动者患病或者非因工负伤，在规定的医疗期满后不能从事原工作，也不能从事由用人单位另行安排的工作的；

（二）劳动者不能胜任工作，经过培训或者调整工作岗位，仍不能胜任工作的；

（三）劳动合同订立时所依据的客观情况发生重大变化，致使劳动合同无法履行，经用人单位与劳动者协商，未能就变更劳动合同内容达成协议的。

8. 用人单位违法解除劳动合同，劳动者能否同时要求补偿金和赔偿金？

案 情

宋某在当地一家纺织厂工作多年，具体工作内容是在织布车间负责织布，每天接触各种化学纤维。近日，宋某一直感觉呼吸不畅并且头晕耳鸣，直接影响到她的工作和生活。到医院就诊后，医生告诉宋某，她患有尘肺病，是长期吸入各种化学纤维和粉尘导致。由于病情已经很严重，宋某必须住院治疗。纺织厂得知宋某生病住院后，便以宋某不能胜任工作为由单方解除了与宋某的劳动合同。宋某很气愤，便向当地劳动仲裁部门提起仲裁申请，她想向纺织厂要求因工作患病的经济补偿和违法解除劳动合同的赔偿。那么，宋某的请求能都得到支持吗？

解 析

宋某的请求不能都得到支持，其只能得到赔偿金。首先，纺织厂单方解除劳动合同的行为是违法的。依照《劳动合同法》第四十二条的规定，宋某在工作过程中因工作患病后，用人单位应当帮助宋某使其享受应有的工伤保险待遇，而不是以其不能胜任工作为由解除劳动合同。其次，根据《劳动合同法实施条例》第二十五条、第二十七条的规定，用人单位违反《劳动合同法》的规定解除或者终止劳动合同，应当依照《劳动合同法》第四十七条规定的经济补偿标准的二倍向劳动者支付赔偿金，用人单位依照《劳动合同法》的规定支付了赔偿金的，不再支付经济补偿。因此，本案例中纺织厂应该按经济补偿标准的二倍向宋某支付赔偿金，即宋某只能要求赔偿金，不能再要求经济补偿。

法　条

《中华人民共和国劳动合同法实施条例》

第二十五条　用人单位违反劳动合同法的规定解除或者终止劳动合同，依照劳动合同法第八十七条的规定支付了赔偿金的，不再支付经济补偿。赔偿金的计算年限自用工之日起计算。

第二十七条　劳动合同法第四十七条规定的经济补偿的月工资按照劳动者应得工资计算，包括计时工资或者计件工资以及奖金、津贴和补贴等货币性收入。劳动者在劳动合同解除或者终止前12个月的平均工资低于当地最低工资标准的，按照当地最低工资标准计算。劳动者工作不满12个月的，按照实际工作的月数计算平均工资。

《中华人民共和国劳动合同法》

第四十二条　劳动者有下列情形之一的，用人单位不得依照本法第四十条、第四十一条的规定解除劳动合同：

（一）从事接触职业病危害作业的劳动者未进行离岗前职业健康检查，或者疑似职业病病人在诊断或者医学观察期间的；

……

第四十七条　经济补偿按劳动者在本单位工作的年限，每满一年支付一个月工资的标准向劳动者支付。六个月以上不满一年的，按一年计算；不满六个月的，向劳动者支付半个月工资的经济补偿。

劳动者月工资高于用人单位所在直辖市、设区的市级人民政府公布的本地区上年度职工月平均工资三倍的，向其支付经济补偿的标准按职工月平均工资三倍的数额支付，向其支付经济补偿的年限最高不超过十二年。

本条所称月工资是指劳动者在劳动合同解除或者终止前十二个月的平均工资。

第八十七条 用人单位违反本法规定解除或者终止劳动合同的，应当依照本法第四十七条规定的经济补偿标准的二倍向劳动者支付赔偿金。

9. 劳动者在试用期内辞职需要提前通知用人单位吗？

案 情

小于是法学院的一名学生，毕业后和许多同学一样来到北京发展。经老师推荐，小于到一家律师事务所应聘律师助理，通过面试后与该律所签订了劳动合同，合同约定了3个月的试用期。小于觉得该律所工资待遇以及发展前途都不错，便暗下决心一定要好好努力。但在律所工作了半个月后，小于发现自己很难适应高强度的工作，并且，小于的父母在老家给他找了一份稳定的工作，希望他回家发展。小于考虑再三之后决定辞职。那么，请问还在试用期的小于要辞职需要提前通知律所吗？

解 析

小于在试用期内辞职，是需要提前3日通知律所的。劳动者在经过一定的程序，满足一定条件后是可以辞职的。根据《劳动合同法实施条例》第十八条第三项的规定，依照《劳动合同法》规定的条件、程序，劳动者在试用期内提前3日通知用人单位，可以与用人单位解除固定期限劳动合同、无固定期限劳动合同或者以完成一定工作任务为期限的劳动合同。因此，本案例中小于在试用期内因难以适应高强度工作而辞职，应当提前3日通知律所，这样才能保证律所有足够的时间及时作出人事调整。

法 条

《中华人民共和国劳动合同法实施条例》

第十八条 有下列情形之一的，依照劳动合同法规定的条件、程序，劳动者可以与用人单位解除固定期限劳动合同、无固定期限劳动合同或者以完成一定工作任务为期限的劳动合同：

……

（三）劳动者在试用期内提前3日通知用人单位的；

……

10. 劳动者可以与劳务派遣公司随意约定派遣期限吗？

案 情

姜某和冯某是一对校园情侣，2020年姜某从学校毕业，冯某2021年才能毕业，两人相约等冯某毕业后一起出国打拼。但是，冯某还有一年才毕业，姜某决定先找一份工作。一日，姜某在路边看到一家劳务派遣公司门口有招聘启事，觉得待遇不错便前去应聘，最后顺利通过面试。在签订劳务派遣合同时，姜某对合同中劳务派遣期限为两年有异议，他提出自己明年就要出国所以只能签订为期一年的劳务派遣合同，希望公司重新拟合同。该劳务派遣公司表示法律规定劳务派遣合同有最低期限要求，公司不能接受姜某的提议。那么，劳动者能否与劳务派遣公司随意约定派遣期限呢？

解 析

劳动者不能与劳务派遣公司随意约定派遣期限，因为法律规定劳务派遣期限最低为两年。劳动者与劳务派遣公司签订的劳动合同不同于一般的劳动合同。我国《劳动合同法》第五十八条第二款对此作出了明确规定，劳务派遣单位应当与被派遣劳动者订立二年以上的固定期限劳动合同，按月支付劳动报酬；被派遣劳动者在无工作期间，劳务派遣单位应当按照所在地人民政府规定的最低工资标准，向其按月支付报酬。因此，劳动者不能与劳务派遣公司随意约定劳动合同的期限，其必须与劳务派遣公司订立两年以上的劳动合同。在本案例中，姜某提出的与该劳务派遣公司签订为期一年的劳动合同的要求不符合法律的规定，该公司应当拒绝。

法 条

《中华人民共和国劳动合同法》

第五十八条　劳务派遣单位是本法所称用人单位，应当履行用人单位对劳动者的义务。劳务派遣单位与被派遣劳动者订立的劳动合同，除应当载明本法第十七条规定的事项外，还应当载明被派遣劳动者的用工单位以及派遣期限、工作岗位等情况。

劳务派遣单位应当与被派遣劳动者订立二年以上的固定期限劳动合同，按月支付劳动报酬；被派遣劳动者在无工作期间，劳务派遣单位应当按照所在地人民政府规定的最低工资标准，向其按月支付报酬。

11. 劳务派遣公司可以要求劳动者提供担保吗？

案　情

2020 年 6 月，小胡大学毕业后与 A 劳务派遣公司签订了为期 3 年的劳动合同，合同约定：自 2020 年 8 月开始，根据劳务派遣公司与 B 酒店签订的劳务派遣协议，由劳务派遣公司派遣小胡到酒店工作，负责酒店客房的整理。酒店每月支付 4500 元工资，打入劳务派遣公司账户，再由派遣公司发放给小胡。同时，为了确保小胡在劳务派遣期内不跳槽，劳务派遣公司要求小胡向劳务派遣公司交 3000 元的担保金；小胡不交该担保金，公司有权从其工资内划扣。那么，请问该劳务派遣公司要求小胡交担保金的做法合法吗？

解　析

我国《劳动合同法》第九条规定，用人单位招用劳动者，不得扣押劳动者的居民身份证和其他证件，不得要求劳动者提供担保或者以其他名义向劳动者收取财物。同时，根据该法第六十条第二款、第三款的规定，劳务派遣单位不得克扣用工单位按照劳务派遣协议支付给被派遣劳动者的劳动报酬。劳务派遣单位和用工单位不得向被派遣劳动者收取费用。因此，用人单位无权要求劳动者提供担保，劳务派遣公司作为用人单位同样不得要求劳动者提供担保或者以任何理由向劳动者收取、克扣费用。但在现实生活中，大量的用人单位为了谋取利益要求劳动者提供担保或向其收取“中介费用”，这些都是违法行为，劳动者在今后遇到此类行为时一定要学会拒绝，勇敢地拿起法律武器维护好自身利益。在本案例中，劳务派遣公司要求小胡提供担保金的做法是违法的，小胡有权拒绝。

法 条

《中华人民共和国劳动合同法》

第九条 用人单位招用劳动者，不得扣押劳动者的居民身份证和其他证件，不得要求劳动者提供担保或者以其他名义向劳动者收取财物。

第六十条 劳务派遣单位应当将劳务派遣协议的内容告知被派遣劳动者。

劳务派遣单位不得克扣用工单位按照劳务派遣协议支付给被派遣劳动者的劳动报酬。

劳务派遣单位和用工单位不得向被派遣劳动者收取费用。

12. 服务期未到但劳动合同期满，劳动者能否要求将劳动合同续期至服务期满？

案　情

杨某在国外一所著名大学攻读金融专业，回国后，一家金融公司十分中意杨某的能力，当即与其签订了为期3年的劳动合同。合同签订后，杨某被派到上海工作，公司为了留住杨某为其提供了住房并配置了交通工具。公司此时要与杨某签订一份服务协议，服务协议规定杨某需为公司履行5年的服务期，服务期未满杨某离职的话，需向公司支付1万元的违约金。杨某觉得该规定有问题，其只与公司签订为期3年的劳动合同，服务期限却为5年，如果劳动合同期满后服务期还未到，公司又拒绝与其续约，自己就要承担违约责任。那么，请问服务期未到但劳动合同期满，劳动者能否要求将劳动合同续期至服务期满？

解　析

杨某可以要求劳动合同延续到服务期满。《劳动合同法实施条例》第十七条有这样的规定，劳动合同期满，服务期尚未到期的，劳动合同应当续延至服务期满。在本案例中，杨某与公司签订了为期3年的劳动合同，之后又与公司签订了为期5年的服务协议，并且双方未对合同期满但服务期未满的情况进行约定。根据上述法律的规定，此种情况下，劳动合同应当延续至服务期满。因此，杨某可以向公司提出将劳动合同延续到服务期满，当然即使与公司协商不成，杨某也不会承担违约责任。

法 条

《中华人民共和国劳动合同法实施条例》

第十七条 劳动合同期满，但是用人单位与劳动者依照劳动合同法第二十二条的规定约定的服务期尚未到期的，劳动合同应当续延至服务期满；双方另有约定的，从其约定。

13. 发生劳动争议后，当事人能否直接向法院起诉？

案 情

小强是某钢铁厂的工人，在炼钢车间负责浇筑程序。在一次工作中，由于融化的钢水沸腾喷溅，小强的胳膊不幸被烫伤，经医院诊断为重度烫伤，需住院治疗一段时间。在小强住院期间，厂里的领导不曾出面看望过，也未提过赔偿问题。小强出院后多次找到领导想要认定为工伤，要求工伤保险赔偿，工厂都拒绝进行认定。小强觉得很气愤，准备向法院起诉。但有朋友告诉他，劳动争议不能直接向法院起诉，必须经过劳动仲裁。那么，小强朋友的说法正确吗？

解 析

小强的朋友说得对，在劳动争议发生之后，当事人必须先向劳动争议仲裁委员会申请劳动仲裁，只有在经过劳动仲裁程序后，当事人的申请未被受理或者对仲裁裁决不满意，才可以向法院提起诉讼。我国《劳动法》第七十九条和《劳动争议调解仲裁法》第五条对此作出了规定，即劳动争议发生后，当事人可以向本单位劳动争议调解委员会申请调解；调解不成，当事人一方要求仲裁的，可以向劳动争议仲裁委员会申请仲裁。当事人一方也可以直接向劳动争议仲裁委员会申请仲裁。对仲裁裁决不服的，可以向人民法院提起诉讼。由此可以看出，劳动争议仲裁程序是提起诉讼的前置程序，劳动争议发生后，当事人不能直接向人民法院提起诉讼，必须先向劳动争议仲裁委员会申请劳动仲裁，当事人对劳动争议仲裁委员会仲裁裁决不服的，自收到裁决书之日起十五日内才可以向人民法院提起诉讼。在本案例中，小强对用人单位的行为不满，不能直接起诉，而是应该先向劳动仲裁委员会申请劳动仲裁。如果仲裁委员会没有受理他的申请或者他对仲裁裁决不服时，才可以向法院提起诉讼。

法条

《中华人民共和国劳动法》

第七十九条 劳动争议发生后，当事人可以向本单位劳动争议调解委员会申请调解；调解不成，当事人一方要求仲裁的，可以向劳动争议仲裁委员会申请仲裁。当事人一方也可以直接向劳动争议仲裁委员会申请仲裁。对仲裁裁决不服的，可以向人民法院提起诉讼。

《中华人民共和国劳动争议调解仲裁法》

第五条 发生劳动争议，当事人不愿协商、协商不成或者达成和解协议后不履行的，可以向调解组织申请调解；不愿调解、调解不成或者达成调解协议后不履行的，可以向劳动争议仲裁委员会申请仲裁；对仲裁裁决不服的，除本法另有规定的外，可以向人民法院提起诉讼。

14. 用人单位拒不执行生效的劳动仲裁裁决，劳动者能否申请法院强制执行?

案　情

邓某是某化肥厂的搬运工，2020 年 6 月正值农忙时节，化肥需求量大，因此化肥厂连续一个月要求员工加班加点工作，并承诺工资会增长一倍，忙完这一个月每个人都会有奖金。但是不料忙完这一个月之后，由于市场监管局抽检该化肥厂的化肥质量不合格，化肥厂面临停工整顿，工厂以没有资金为由拒绝支付邓某等人的工资以及奖金。于是邓某等人向劳动争议仲裁委员会申请仲裁。仲裁结果是，裁决工厂按约定数额支付工人工资及奖金。但是，工厂在接到仲裁裁决后没有提出异议也一直没有向邓某等人支付工资和奖金。此时，邓某等人能否就劳动仲裁裁决申请人民法院强制执行?

解　析

邓某等人可以向人民法院申请强制执行。劳动仲裁裁决是仲裁庭作出的对当事人有约束力的解决劳动争议的决定，当事人对裁决不服有起诉的权利，逾期不起诉该裁决即发生法律效力，当事人即应按规定期限履行。一方不履行的，另一方可以申请人民法院强制执行。正如我国《劳动法》第八十三条的规定，劳动争议当事人对仲裁裁决不服的，可以自收到仲裁裁决书之日起十五日内向人民法院提起诉讼。一方当事人在法定期限内不起诉又不履行仲裁裁决的，另一方当事人可以申请人民法院强制执行。此外，《劳动争议调解仲裁法》第五十一条对此也进行了明确规定。因此对于已经生效的劳动仲裁裁决，如果用人单位拒不执行，劳动者可以向法院申请强制执行。本案中，仲裁庭作出仲裁裁决后化肥厂未提起诉讼，则仲裁裁决生效，化肥厂有履行生效的法律文书的义务，但其拒绝执行，此时邓某等人就有权利申请人民法院强制执行。现实生活中存在很多用人单位拒不执行生效的仲裁裁决的案件，劳动者一定要及时维权。

法 条

《中华人民共和国劳动法》

第八十三条 劳动争议当事人对仲裁裁决不服的，可以自收到仲裁裁决书之日起十五日内向人民法院提起诉讼。一方当事人在法定期限内不起诉又不履行仲裁裁决的，另一方当事人可以申请人民法院强制执行。

《中华人民共和国劳动争议调解仲裁法》

第五十一条 当事人对发生法律效力的调解书、裁决书，应当依照规定的期限履行。一方当事人逾期不履行的，另一方当事人可以依照民事诉讼法的有关规定向人民法院申请执行。受理申请的人民法院应当依法执行。

第三章

看病就医

人吃五谷杂粮，难免会生病，生病就免不了和医院、医生打交道。在实际生活中，人们在就医过程中总会遇到各种各样的问题，比如：医院不经患者同意使用昂贵的治疗方案造成钱财损失怎么办？由于医疗技术引发后遗症怎么办？医院退休人员还能给人看病吗？医疗事故的赔偿范围是什么？如何申请鉴定医疗事故?鉴于医学的复杂性和专业性，患者往往处于弱势地位，在自我保护和维权方面面临困惑。这就要求我们学习了解关于看病就医方面的法律知识，在遇到医疗纠纷时能够拿起法律武器维护自己的合法权益。

1. 患者到医院就诊排队过程中猝死，医院是否有责任？

案　情

老方是一家机械厂的会计，因为有心脏病，年前就办理了退休。如今没有工作上的压力，生活上无非就是接送孙女上下学、买买菜什么的，倒也没有犯过病。一天早上，老方送孙女上学回来后突然感觉心口憋闷得厉害，老伴赶紧把他送到医院就诊。医院方面称现在有点忙，让老方在一旁等待就诊，好几次老方难受得差点儿背过气去，老伴多次询问医生用不用先吃点儿药，但是没有人搭理她。就这样，老方在医院等待了三个小时还没有排上队，结果猝死在了医院。后来，老方的家人就此事多次和医院交涉都没有结果，院方坚持认为老方是突发疾病猝死，跟医院没有任何关系。请问，病人等待看病时猝死，医院有责任吗？

解　析

医院存在过错，应当承担赔偿责任。根据《医疗机构管理条例》第三十一条的规定，医疗机构对危重病人应当立即抢救。对限于设备或技术条件不能诊治的病人，应当及时转诊。本案例中老方因病前往医院就诊并说明有心脏病史，但医院对这种危重病人没有及时抢救，又未安排转诊，系一种消极不作为的加害行为。根据《民法典》第一千二百二十二条的规定，对于医院违反了前述规定的不作为，可以推定医疗机构有过错。此处所说的“过错推定”是指患者在医疗活动中有损害，但是又无直接证据证明医疗机构的过错时，只要医疗机构存在《民法典》第一千二百二十二条规定的三种情形即推定其有过错责任。这三种情形包括：违反法律、行政法规、规章以及其他有关诊疗规范的规定；隐匿或者拒绝提供与纠纷有关的病历资料；遗失、伪造、篡改或者违法销毁病历资料。法律之所以作出这一规定，是基于医患双方实际权利义务不对称，需要对患者的权利加以特殊保护的考虑。而本案例中医院没有及时抢救老方与老方的死亡结果有一定的因果关系，符合侵权行为法律特征，因此，医院应承担相应的赔偿责任。

法 条

《医疗机构管理条例》

第三十一条 医疗机构对危重病人应当立即抢救。对限于设备或者技术条件不能诊治的病人，应当及时转诊。

《中华人民共和国民法典》

第一千二百二十二条 患者在诊疗活动中受到损害，有下列情形之一的，推定医疗机构有过错：

（一）违反法律、行政法规、规章以及其他有关诊疗规范的规定；

（二）隐匿或者拒绝提供与纠纷有关的病历资料；

（三）遗失、伪造、篡改或者违法销毁病历资料。

2. 医院擅自使用昂贵的治疗方案致使花费大量医药费，构成医疗事故吗？

案　情

淼淼是公司的出纳。一天，因为月底结算任务量大，淼淼在公司加班到23点才回住处。刚到家淼淼就觉得腹部有点儿疼，并且疼得越来越厉害，她只好打车去了附近的医院。到医院经诊断是急性阑尾炎，需要马上做手术。因为淼淼是一个人去的医院，医院立刻安排了手术。等到淼淼出院时，她看到医药费居然高达20000元，而一般阑尾炎手术最多只需5000元。医生给出的解释是给淼淼采取的阑尾炎切除手术利用了他们引进的最新技术，所以比较昂贵。淼淼想知道医院不经她同意使用昂贵的治疗方案，导致其财产损失，构成医疗事故吗？

解　析

医院不可以未经与患者商量就使用昂贵的治疗方案，这侵犯了患者的知情权和自主选择权。但是，医院未经患者同意就使用较昂贵的治疗方案，导致病人财产损失，不属于医疗事故。根据我国《医疗事故处理条例》第二条的规定，医疗事故，是指医疗机构及其医务人员在医疗活动中，违反医疗卫生管理法律、行政法规、部门规章和诊疗护理规范、常规，过失造成患者人身损害的事故。故案例中，医院使用昂贵的治疗方案，导致淼淼财产损失的行为，不是医疗事故。

值得注意的是，根据《民法典》第一千二百二十七条的规定，医疗机构及其医务人员不得违反诊疗规范实施不必要的检查。其意思是，医务人员对患者实施诊治应该依照诊疗规范要求进行，不得实施诊疗规范以外的检查项目。案例中，医院未经淼淼同意就使用昂贵的治疗方案进行诊治，属于过度医疗行为。故淼淼可以过度治疗的侵权行为起诉该医院，进行索赔。另外，在实际操作中，有的医务人员会根据患者实际情况不按照诊疗范围一一检查，这也违反了《民法典》第一千二百二十七条的规定，如果因此给患者造成损害，同样需要承担相关责任。

法　条

《医疗事故处理条例》

第二条　本条例所称医疗事故，是指医疗机构及其医务人员在医疗活动中，违反医疗卫生管理法律、行政法规、部门规章和诊疗护理规范、常规，过失造成患者人身损害的事故。

《中华人民共和国民法典》

第一千二百二十七条　医疗机构及其医务人员不得违反诊疗规范实施不必要的检查。

第一千二百一十九条　医务人员在诊疗活动中应当向患者说明病情和医疗措施。需要实施手术、特殊检查、特殊治疗的，医务人员应当及时向患者具体说明医疗风险、替代医疗方案等情况，并取得其明确同意；不能或者不宜向患者说明的，应当向患者的近亲属说明，并取得其明确同意。

医务人员未尽到前款义务，造成患者损害的，医疗机构应当承担赔偿责任。

3. 由医疗手术引起后遗症，是医疗事故吗？

案　情

小夏和男朋友小陈结婚后，小陈的事业发展越来越好，小夏就辞职回家做了家庭主妇。丈夫的事业蒸蒸日上，应酬交际也变得特别多，而小夏作为家庭主妇每天的生活只是柴米油盐，两个人的感情逐渐破裂。最终丈夫小陈向小夏提出了离婚，小夏苦苦挽留却无济于事。小夏经过反思觉得丈夫提出离婚的原因是自己不注重保养，身材走样，便决定去做隆胸手术。小夏做了隆胸手术后，丈夫还是没有回心转意，小夏就认为是胸型还不够好，为此不听医生劝阻执意多次隆胸，最终引发手术后遗症并导致切除乳房。小夏现在特别后悔，她想知道，由于医疗手术而发生后遗症是否为医疗事故？应该如何处理？

解　析

根据我国《医疗事故处理条例》第二条的规定可知，医疗事故认定的最重要条件是该事故是否是由医疗机构及其医务人员在医疗活动中，因违反医疗卫生管理法律、行政法规、部门规章和诊疗护理规范、常规造成的。在本案例中，小夏隆胸后切除乳房属于术后引发的后遗症，但后遗症是否因医务人员的过错行为导致，才是认定其是否构成医疗事故的关键。若后遗症的发生是在现有科学技术的条件下无法预测或不能防范的，则不能构成医疗事故。对此我国《医疗事故处理条例》第三十三条有明确的规定，有下列情形之一的，不属于医疗事故……

（三）在现有医学科学技术条件下，发生无法预料或者不能防范的不良后果的……

对于人体隆胸手术后可能出现的后遗症，就目前的医学条件而言，是不可能避免和不能完全防范的，加上医务人员在手术过程中并无过错，是小夏不顾医生劝阻执意多次手术，才导致并发后遗症的，因此本案例应当属于上述法条第三项规定的情形，当出现这种情形及该法条规定的其他情形时，不属于医疗事故，医院及其医护人员是无须承担任何责任的。

法 条

《医疗事故处理条例》

第二条 本条例所称医疗事故，是指医疗机构及其医务人员在医疗活动中，违反医疗卫生管理法律、行政法规、部门规章和诊疗护理规范、常规，过失造成患者人身损害的事故。

第三十三条 有下列情形之一的，不属于医疗事故：

（一）在紧急情况下为抢救垂危患者生命而采取紧急医学措施造成不良后果的；

（二）在医疗活动中由于患者病情异常或者患者体质特殊而发生医疗意外的；

（三）在现有医学科学技术条件下，发生无法预料或者不能防范的不良后果的；

（四）无过错输血感染造成不良后果的；

（五）因患方原因延误诊疗导致不良后果的；

（六）因不可抗力造成不良后果的。

4. 未告知风险事项而做手术给患者身体造成伤害的，医疗机构有责任吗？

案　情

丫丫结婚3年了，一直未怀孕。她和丈夫很着急，就去医院做了全面检查，发现一直未孕的原因是丫丫的卵巢上长了一个囊肿，导致排卵不好。医院方面就丫丫的检查结果给出了两个治疗方案，即药物治疗和手术治疗。丫丫在得知手术治疗时间短、见效快时就选择了手术治疗。院方很快给丫丫安排了手术，但并没有告诉丫丫夫妇二人此治疗方案存在的风险。手术后，丫丫恢复得很好，不久就出院了，但是过了一年多，丫丫还是没有怀孕。为此，丫丫又到省里的医院做了一次检查，结果发现上次手术造成卵巢严重受损，无法排卵，导致终身不孕。丫丫十分生气，她想知道像她这种情况，医院应该赔偿吗？

解　析

丫丫可以找医疗机构要求赔偿。我国《民法典》第一千二百一十九条规定，医务人员在诊疗活动中应当向患者说明病情和医疗措施。需要实施手术、特殊检查、特殊治疗的，医务人员应当及时向患者具体说明医疗风险、替代医疗方案等情况，并取得其明确同意；不能或者不宜向患者说明的，应当向患者的近亲属说明，并取得其明确同意。医务人员未尽到前款义务，造成患者损害的，医疗机构应当承担赔偿责任。这是我国法律对医务人员在一般诊疗中应尽义务的规定，该规定属于强制性规定，医务人员未尽到该义务并造成患者损害的，医疗机构应当承担赔偿责任。此外，《医疗美容服务管理办法》第十九条中也提到，就医者在接受治疗前对治疗的适应症、禁忌症、医疗风险和注意事项都有知情权，执业医师也必须取得就医者本人或其家属的书面同意才可进行治疗。本案例中，在丫丫接受治疗前，医院没有向其说明手术中存在的医疗风险和注意事项等，没有尽到说明的义务，也没有取得丫丫本人或其丈夫的签字同意，最后手术导致丫丫不孕，此损害不可逆转，医院应当承担赔偿责任。另外，由于侵权行为给丫丫造成了精神损害，丫丫还可以主张精神损害赔偿。

法 条

《中华人民共和国民法典》

第一千一百八十三条第一款 侵害自然人人身权益造成严重精神损害的，被侵权人有权请求精神损害赔偿。

第一千二百一十九条 医务人员在诊疗活动中应当向患者说明病情和医疗措施。需要实施手术、特殊检查、特殊治疗的，医务人员应当及时向患者具体说明医疗风险、替代医疗方案等情况，并取得其明确同意；不能或者不宜向患者说明的，应当向患者的近亲属说明，并取得其明确同意。

医务人员未尽到前款义务，造成患者损害的，医疗机构应当承担赔偿责任。

《医疗美容服务管理办法》

第十九条 执业医师对就医者实施治疗前，必须向就医者本人或亲属书面告知治疗的适应症、禁忌症、医疗风险和注意事项等，并取得就医者本人或监护人的签字同意。未经监护人同意，不得为无行为能力或者限制行为能力人实施医疗美容项目。

5. 患者因不遵医嘱致使右腿截肢，可以要求医疗机构承担责任吗？

案 情

小建初中毕业后就跟着老乡进城务工了。几年后，小建手中有了一些积蓄，他决定给父母翻修一下老家的房子。因为是自家盖房子，小建在城里又是建筑工，当然是围着自己找的建筑队忙前忙后了。连日来的奔波，让小建有些疲惫，一天干活的时候他不小心踩在了钉子上。家人赶紧把他送到了医院，医生诊断后建议留院观察，并称如不及时治疗后果不堪设想，但是小建觉得自己在工地上干活经常磕碰没什么事，再加上家中还那么忙就坚持出院了。几天后，小建受伤的右腿肿胀发紫没有了知觉，小建家人又急忙把他送到医院，检查后医生给出必须截肢的治疗方案。请问，在这种情况下，小建可以要求医院承担赔偿责任吗？

解 析

对于小建的残疾结果，医院不承担赔偿责任。本案例中，医生向小建说明了伤势情况，建议其留院观察，并告知其如不及时治疗的后果，但由于小建坚持出院，从而延误治疗，最终导致残疾的后果。根据《民法典》第一千二百二十四条的规定，患者有损害，医疗机构不承担赔偿责任的情形有三种，其中就包括患者或者其近亲属不配合医疗机构进行必要的诊疗。案例中小建及其家人的做法，就属于不配合医疗机构的诊疗活动。同时，我国《医疗事故处理条例》第三十三条第五项也规定，因患方原因延误诊疗导致不良后果的不属于医疗事故。由此可见，如果因为患者或其家属不配合治疗导致损害结果的发生，且医疗机构与医务人员尽到说明、劝说义务，没有其他过错的，医务人员和医疗机构不承担赔偿责任。另外，需要注意的是，《民法典》第一千二百二十四条是对医疗机构免责事由的规定，而本案例中的情形属于患者或者其近亲属不配合医疗机构进行符合诊疗规范的诊疗，如果医疗机构及其医务人员在治疗过程中存在过错，那么，医疗机构仍需要承担相应的赔偿责任。

法 条

《中华人民共和国民法典》

第一千二百二十四条 患者在诊疗活动中受到损害，有下列情形之一的，医疗机构不承担赔偿责任：

（一）患者或者其近亲属不配合医疗机构进行符合诊疗规范的诊疗；

（二）医务人员在抢救生命垂危的患者等紧急情况下已经尽到合理诊疗义务；

（三）限于当时的医疗水平难以诊疗。

前款第一项情形中，医疗机构或者其医务人员也有过错的，应当承担相应的赔偿责任。

《医疗事故处理条例》

第二条 本条例所称医疗事故，是指医疗机构及其医务人员在医疗活动中，违反医疗卫生管理法律、行政法规、部门规章和诊疗护理规范、常规，过失造成患者人身损害的事故。

第三十三条　有下列情形之一的，不属于医疗事故：

……

（五）因患方原因延误诊疗导致不良后果的；

……

6. 退休医生未经批准行医造成医疗事故，涉事医院应当赔偿吗？

案　情

萌萌结婚以后没多久就怀孕了，每次都遵照医嘱去医院做产检。孩子即将临盆前，丈夫陪着萌萌去医院检查时发现胎位不正，生产的时候会有风险，医生建议剖宫产。萌萌有些紧张，提出希望舅妈为她接生。萌萌的舅妈退休前是该医院里数一数二的妇产科医生，由她为萌萌主刀做剖宫产手术，家人才放心。但是，该医院明令禁止未经批准的离退休人员到医院行医，所以萌萌没有在医院挂号就和舅妈进了手术室。手术过程中萌萌产后大出血，孩子保住了，但是萌萌的子宫被切除了。事后，萌萌以自己是在医院出的事故为由要求医院赔偿，请问医院负有赔偿责任吗？

解　析

本案例中，萌萌舅妈的行为是个人行为，与医院无关，医院无须承担赔偿责任。这里需要强调的是医务人员的职务行为，所谓职务行为，是指工作人员行使职务的行为，是履行职责的活动，与其相对应的是工作人员的个人行为。根据《民法典》第一千一百九十一条第一款的规定，用人单位的工作人员因执行工作任务造成他人损害的，由用人单位承担侵权责任。此法条是关于职务行为替代责任的规定，即工作人员工作期间因工作给他人造成损害，由用人单位承担责任。此规定以用人单位较强的经济能力为基础，以工作人员的职务行为为前提，可以更好地保护受损害人的权益，还可以督促单位选人用人时要更加谨慎，并加强对工作人员的监督和管理。结合本案例，萌萌舅妈的行为不是职务行为，原因是其未办理个人行医的相关证照，也未得到医院的退休返聘，且手术双方未经挂号，萌萌舅妈属于私自进入医院占用医疗资源行医，所以其为萌萌做手术系个人行为，医院无须承担赔偿责任。

法　条

《中华人民共和国民法典》

第一千一百九十一条　用人单位的工作人员因执行工作任务造成他人损害的，由用人单位承担侵权责任。用人单位承担侵权责任后，可以向有故意或者重大过失的工作人员追偿。

劳务派遣期间，被派遣的工作人员因执行工作任务造成他人损害的，由接受劳务派遣的用工单位承担侵权责任；劳务派遣单位有过错的，承担相应的责任。

7. 发生医疗事故后，患者要求损害赔偿的范围如何界定？

案　情

苏某出生在一个江南小镇，她从小就十分向往外面的生活，于是，高中毕业后她就和小姐妹一起进城务工。苏某文化水平不高，就找了一份酒店服务员的工作。工作期间，苏某和同一酒店的厨师杨某相爱并结婚生子，日子虽然平淡但是十分幸福。然而天有不测风云，前不久，苏某3岁的儿子发烧住院，由于用药不慎造成了脑瘫。儿子脑瘫不能上幼儿园，苏某只好辞职在家看护孩子。全家人依靠杨某一人的工资生活，日子过得越来越拮据。苏某认为儿子变成脑瘫，医院有不可推卸的责任，希望医院给予赔偿，那么，医疗事故损害赔偿的范围有哪些？

解　析

医疗事故赔偿，是指医疗机构及其医务人员在医疗活动中因过错造成患者的人身损害，经医疗事故鉴定委员会鉴定属于医疗事故后，医疗机构对患者进行的赔偿。在日常生活中，一旦发生医疗事故，就会给本人及其家属带来巨大的痛苦。面对事故灾难，患者及其家人一定要讨个说法，要求赔偿就是其中之一。当然，赔偿的范围就成了一个关键问题。根据我国《医疗事故处理条例》第五十条的规定，医疗事故赔偿的范围包括医疗费、误工费、住院伙食补助费、陪护费、残疾生活补助费、残疾用具费、丧葬费、被扶养人生活费、交通费、住宿费和精神损害抚慰金。

由此可见，我国《医疗事故处理条例》中规定的对医疗事故受害人的保护多达11项，受害人及其家属可以根据实际损失向医院主张赔偿。本案例中，苏某可就儿子因医院用药不慎造成脑瘫的医疗事故向医院提出赔偿，其可以根据自己的情况，向医院提出合理的请求，以保护自己的最大利益。苏某可就孩子的医药费、自己的误工费、精神损失费等所有符合法律规定的赔偿项目向医院主张，至于数额多少可根据当地情况与医院协商而定。

法 条

《医疗事故处理条例》

第五十条 医疗事故赔偿，按照下列项目和标准计算：

（一）医疗费：按照医疗事故对患者造成的人身损害进行治疗所发生的医疗费用计算，凭据支付，但不包括原发病医疗费用。结案后确实需要继续治疗的，按照基本医疗费用支付。

（二）误工费：患者有固定收入的，按照本人因误工减少的固定收入计算，对收入高于医疗事故发生地上一年度职工年平均工资3倍以上的，按照3倍计算；无固定收入的，按照医疗事故发生地上一年度职工年平均工资计算。

……

（十一）精神损害抚慰金：按照医疗事故发生地居民年平均生活费计算。造成患者死亡的，赔偿年限最长不超过6年；造成患者残疾的，赔偿年限最长不超过3年。

8. 侵害医务人员合法权益的，应当承担什么样的法律责任？

案　情

2021年3月14日，许某的妻子万某在某医院手术中意外死亡。许某悲痛万分，怀疑万某死亡是由于医院不负责任所导致的，遂对医院及医生怀恨在心。3月17日，许某与该医院领导卫某协商赔偿事宜。协商不成后，许某纠集朋友李某、闫某、赵某对万某的主刀医生刘某和该医院领导卫某进行殴打，造成刘某重伤、卫某轻伤。那么请问，侵害医务人员合法权益的，应当承担什么样的法律责任？

解　析

近年来，医患矛盾不断加剧，侵害医护人员的案件并不鲜见。为了保护医护人员的合法权益，《民法典》第一千二百二十八条新增了"侵害医务人员合法权益"的表述，对暴力伤医等严重违法行为发出强烈制止信号，进一步明确侵害医务人员合法权益需承担法律责任。这是捍卫医疗机构及医务人员最基本合法权益的规定，更是针对以往一度引发社会热点的杀医案等恶性事件的底线条款。此外，《基本医疗卫生与健康促进法》中也明确规定，禁止任何组织或者个人威胁、危害医疗卫生人员人身安全，侵犯医疗卫生人员人格尊严。一旦有人作出损害医疗卫生人员人身安全和人格尊严的行为，轻则承担民事赔偿责任，重则承担治安管理处罚责任，更有甚者，还可能承担刑事责任。

在本案例中，许某纠集朋友李某、闫某、赵某殴打主刀医生刘某和医院领导卫某，造成刘某重伤、卫某轻伤，他们除应承担相应的民事赔偿责任外，按照《刑法》的规定，还应当按照故意伤害罪定罪处罚，承担相应的刑事责任。

法 条

《中华人民共和国民法典》

第一千二百二十八条 医疗机构及其医务人员的合法权益受法律保护。

干扰医疗秩序，妨碍医务人员工作、生活，侵害医务人员合法权益的，应当依法承担法律责任。

《中华人民共和国基本医疗卫生与健康促进法》

第五十七条 全社会应当关心、尊重医疗卫生人员，维护良好安全的医疗卫生服务秩序，共同构建和谐医患关系。

医疗卫生人员的人身安全、人格尊严不受侵犯，其合法权益受法律保护。禁止任何组织或者个人威胁、危害医疗卫生人员人身安全，侵犯医疗卫生人员人格尊严。

国家采取措施，保障医疗卫生人员执业环境。

9. 经卫生行政部门处理后的医疗争议，诉讼时效从何时起算？

案 情

刘某是个农民，农闲时会进城打零工补贴家用。因为刘某的家住在城郊，所以他一般早上6点出门，晚上8点到家。

2019年4月28日，刘某到了晚上9点多还未回家，妻子就请邻居帮忙寻找，最后在离家不远的路边发现了刘某，原来他摔了一跤把腿摔折了。刘某的妻子及邻居立即将刘某送到了医院，手术中由于医生操作不当导致刘某左腿落下终身残疾。2019年7月12日，该起医疗事故经卫生部门处理，医院赔偿刘某3万元。刘某左腿残疾导致部分劳动能力丧失，家中逐渐入不敷出。2021年4月，刘某打算到法院起诉医院，但是他不知道诉讼时效过了没有。请问，经卫生行政部门处理后的医疗争议，如何计算诉讼时效？

解　析

诉讼时效，是指民事权利受到侵害的权利人在法定的时效期间内不行使权利，当时效期间届满时，权利人将失去胜诉权利，即胜诉权利归于消灭。关于诉讼时效，我国《民法典》第一百八十八条第一款规定，向人民法院请求保护民事权利的诉讼时效期间为三年……根据该法第一百九十五条的规定，诉讼时效因提起诉讼、当事人一方提出履行请求或者同意履行义务而中断。从中断时起，诉讼时效期间重新计算。那么，本案关键问题在于诉讼时效到底从何时起算，是否存在暂停或中断的现象。刘某属于身体受到伤害要求赔偿的情形，根据《民法典》第一百八十八条的规定其诉讼时效期间为三年，从受害人刘某知道或应当知道权利被侵害之日起计算，即从2019年4月28日起算。但是，刘某所受的医疗事故曾在2019年7月12日进行了行政处理，这就引起了诉讼时效期间的中断，即已经过的诉讼期间归于无效，需要从中断之日起开始重新起算，也就是从2019年7月12日起三年内。刘某于2021年4月准备到法院起诉医院时，仍在三年有效期限内，并未超过诉讼时效。

法　条

《中华人民共和国民法典》

第一百八十八条　向人民法院请求保护民事权利的诉讼时效期间为三年。法律另有规定的，依照其规定。

诉讼时效期间自权利人知道或者应当知道权利受到损害以及义务人之日起计算。法律另有规定的，依照其规定。但是，自权利受到损害之日起超过二十年的，人民法院不予保护；有特殊情况的，人民法院可以根据权利人的申请决定延长。

第一百九十五条　有下列情形之一的，诉讼时效中断，从中断、有关程序终结时起，诉讼时效期间重新计算：

（一）权利人向义务人提出履行请求；

（二）义务人同意履行义务；

（三）权利人提起诉讼或者申请仲裁；

（四）与提起诉讼或者申请仲裁具有同等效力的其他情形。

10. 当出现医患纠纷时，患者应该怎样申请医疗事故鉴定？

案　情

毛某是一名高三学生，成绩优异，一直想去北京上大学。但是，高考前夕毛某的父亲因病去世，家中债台高筑无法供他上学，毛某只好退学回家。退学后，毛某就去北京做了“蜘蛛人”，工作是老乡介绍的，虽然危险但是薪酬高。在一次作业过程中，毛某从高处掉了下来身受重伤，被工友送到了附近的医院。医生在手术过程中不小心将毛某的坐骨神经损伤，造成其终身残疾。不久，毛某出院，他想找医院就这次医疗事故赔偿的问题进行协商。但他听说协商解决医疗争议需要申请医疗事故鉴定，可他不知道怎么申请。请问，医患双方应该如何申请医疗事故鉴定呢？

解 析

医疗事故鉴定是医学会组织临床医学专家和法医学专家运用专业的知识和技术，对医疗事故进行检验、鉴别并提供鉴定结论的专门性活动。医疗事故鉴定可以作为医患双方协商解决医疗纠纷的依据，也是卫生行政部就医疗纠纷案件作出行政处罚的法定依据，所以医疗事故鉴定是双方当事人协商解决医疗事故争议的关键所在。根据我国《医疗事故技术鉴定暂行办法》第九条的规定，双方当事人协商解决医疗事故争议，需进行医疗事故技术鉴定的，应共同书面委托医疗机构所在地负责首次医疗事故技术鉴定工作的医学会进行医疗事故技术鉴定。因此，如果毛某与该医院协商决定进行医疗事故鉴定，就应该共同书面委托该医院所在地负责首次医疗事故技术鉴定工作的医学会进行医疗事故技术鉴定。另外，需要注意的是，医疗事故鉴定在行政处罚和诉讼中只是起到证据的作用，不一定是定案的依据。

法 条

《医疗事故技术鉴定暂行办法》

第九条 双方当事人协商解决医疗事故争议，需进行医疗事故技术鉴定的，应共同书面委托医疗机构所在地负责首次医疗事故技术鉴定工作的医学会进行医疗事故技术鉴定。

11. 医学会鉴定医疗事故如何收费？费用由谁承担？

案　情

小冯是一家商贸公司的职员，最近因为年底考核，他经常加班加点忙到很晚才回家。一天，小冯又留在公司加班，直到晚上 10 点才回家。由于走廊光线较暗，小冯下楼梯时不小心一脚踩空受伤了。小冯被送到医院后，经过检查是跟腱损伤，需要马上进行手术。小冯办理了相关手续后就被推进了手术室，但是在手术中，由于医生操作不当致使小冯跟腱损伤落下残疾，以后走路都会有些跛脚。小冯想就这次医疗事故做个医疗事故鉴定，为以后和医院协商解决纠纷做准备，但是他现在不能外出工作，手中积蓄不多，十分担心费用问题。请问，医学会鉴定医疗事故收费吗？费用由谁承担？

解　析

根据我国《医疗事故技术鉴定暂行办法》第十四条的规定，委托医学会进行医疗事故技术鉴定，应当按规定缴纳鉴定费。医学会鉴定医疗事故是收费的，那么，该费用由谁负担？该法第十五条作出了具体规定，双方当事人共同委托医疗事故技术鉴定的，由双方当事人协商预先缴纳鉴定费。卫生行政部门移交进行医疗事故技术鉴定的，由提出医疗事故争议处理的当事人预先缴纳鉴定费。经鉴定属于医疗事故的，鉴定费由医疗机构支付；经鉴定不属于医疗事故的，鉴定费由提出医疗事故争议处理申请的当事人支付。县级以上地方卫生行政部门接到医疗机构关于重大医疗过失行为的报告后，对需要移交医学会进行医疗事故技术鉴定的，鉴定费由医疗机构支付。由此可知，法律对医疗事故鉴定费用的支付有着明确的规定，倾向于有利于患者的原则确定费用交付主体，当患者提出进行医疗事故鉴定时，只要结论属于医疗事故就不必承担鉴定费。而医院提出申请时不管结论如何鉴定费都由其承担。本案例中，小冯如果提出医疗事故鉴定，只有在鉴定结论不属于医疗事故的时候，他才需要承担鉴定费。

法 条

《医疗事故技术鉴定暂行办法》

第十四条 委托医学会进行医疗事故技术鉴定，应当按规定缴纳鉴定费。

第十五条 双方当事人共同委托医疗事故技术鉴定的，由双方当事人协商预先缴纳鉴定费。

卫生行政部门移交进行医疗事故技术鉴定的，由提出医疗事故争议处理的当事人预先缴纳鉴定费。经鉴定属于医疗事故的，鉴定费由医疗机构支付；经鉴定不属于医疗事故的，鉴定费由提出医疗事故争议处理申请的当事人支付。

县级以上地方人民政府卫生行政部门接到医疗机构关于重大医疗过失行为的报告后，对需要移交医学会进行医疗事故技术鉴定的，鉴定费由医疗机构支付。

第四章

消费维权

消费是日常生活中重要的一环，我们每个人、每个家庭都离不开消费。消费有物质消费，如吃饭、穿衣、住房、看病、使用交通工具等；也有精神消费，如旅游、看电影等。因此，某种程度上来说，每个人都是消费者。作为消费者，我们在消费的时候，对所购买的产品或服务享有知情权、安全权、自主选择权、公平交易权等。当我们因消费而受到损害时，有权要求获得赔偿，常见的维权途径有：主动与商家协商处理、网购商品七天无理由退换货、拨打消费者维权电话 12315、媒体曝光、法律诉讼等。

1. 网购的电视机出现质量问题，找谁索赔？

案　情

北京的李先生趁着“电商大促”打折期间，在某电器购物网站上购买了一台电视机。可收到货后只用了一天，电视机就出现了黑屏现象，随后李先生拿出说明书进行研究，结果发现该电视机存在明显的质量问题，于是立即和网站取得了联系。网站客服人员给出的答复是，网站不负责质量问题，无法赔偿李先生的损失，让李先生直接和经销商取得联系。李先生见状，只好又联系经销商，但却无法取得联系。面对此情况，李先生非常苦恼，他不知道该找谁索赔。那么，李先生该找谁索赔呢？

解　析

我国《消费者权益保护法》第二十八条对网络购物事宜进行了明确规定，采用网络、邮购等方式提供商品或者服务的经营者，应当向消费者提供经营地址、联系方式、售后服务、民事责任等信息。由此可见，经营者应当向消费者提供真实的相关信息，保障消费者的合法权益，否则将按照该法第四十四条第一款的规定承担法律责任。该法第四十四条第一款规定，消费者通过网络交易平台购买商品或者接受服务，其合法权益受到损害的，可以向销售者或者服务者要求赔偿。网络交易平台提供者不能提供销售者或者服务者的真实名称、地址和有效联系方式的，消费者也可以向网络交易平台提供者要求赔偿……网络交易平台提供者赔偿后，有权向销售者或者服务者追偿。

因此，网络购物权益受到侵害后，消费者可以向销售者、服务者要求赔偿，也可以向网络交易平台提供者要求赔偿。其中，向网络交易平台索赔的前提是，网络交易平台提供者不能提供销售者或者服务者的真实名称、地址和有效联系方式，其承担赔偿责任后交易平台提供者可行使追偿权。法律之所以这样规定，是因为在网络交易中，消费者处于相对弱势的地位，容易知晓网络交易平台的相关信息，但对于实际的销售者或服务者可能并不了解或者了解较少，此时，赋予网络交易平台这一义务，一方面可以方便消费者维权，另一方面也可以督促网络交易平台严格电商准入标准。本案例中的李先生由于无法和经销商取得联系，因此可以要求网站承担相应的责任。

法 条

《中华人民共和国消费者权益保护法》

第二十八条 采用网络、电视、电话、邮购等方式提供商品或者服务的经营者，以及提供证券、保险、银行等金融服务的经营者，应当向消费者提供经营地址、联系方式、商品或者服务的数量和质量、价款或者费用、履行期限和方式、安全注意事项和风险警示、售后服务、民事责任等信息。

第四十四条第一款 消费者通过网络交易平台购买商品或者接受服务，其合法权益受到损害的，可以向销售者或者服务者要求赔偿。网络交易平台提供者不能提供销售者或者服务者的真实名称、地址和有效联系方式的，消费者也可以向网络交易平台提供者要求赔偿；网络交易平台提供者作出更有利于消费者的承诺的，应当履行承诺。网络交易平台提供者赔偿后，有权向销售者或者服务者追偿。

2. 网购的货物被他人签收导致未收到货，该找谁索赔？

案　情

某日，孟某从某宝网上购买了一些化妆品，总共花了800元。孟某付款后的当天下午，该订单就已经显示发货，预计5日左右就能收到。一周后，孟某还未收到货物，于是便与卖家取得了联系，卖家的回复是双十一期间，网购的人太多，快递会慢一些，让孟某再等等。孟某觉得卖家说的有道理，便没有再说什么。可又一周过去了，孟某仍未收到货物，而这时订单却显示已经被签收。孟某见状，立即联系了卖家。卖家经过查实后证明该货物确实已经被签收，只不过签收人是门卫工作人员。孟某到门卫询问时，得知当时签收该货物的门卫工作人员早已不知去向，孟某已经无法找回货物。孟某一肚子怨气，花了钱却没有收到货物，但又不知道该找谁赔偿。那么，孟某应当找谁承担赔偿责任呢？

解　析

我国《民法典》第一百一十九条规定，依法成立的合同，对当事人具有法律约束力。根据法律规定可知，合同具有相对性，仅对当事人双方具有法律约束力，双方当事人应当按照合同约定履行义务，一方违约给对方造成损失后，应当承担违约责任。合同的这一特点，同样适用于网上交易的卖家和买家。基于该笔订单的交易，孟某和卖家之间成立了买卖合同关系，是买卖合同的双方当事人。而为了投寄货物，卖家和快递之间成立了运输合同关系，是运输合同的双方当事人。买卖合同对孟某和卖家产生法律约束力，而运输合同对卖家和快递公司具有约束力。

根据《民法典》第五百零九条和第五百七十七条的规定，当事人应当按照约定全面履行自己的义务。当事人应当遵循诚实信用原则，根据合同的性质、目的和交易习惯履行通知、协助、保密等义务……当事人一方不履行合同义务或者履行合同义务不符合约定的，应当承担继续履行、采取补救措施或者赔偿损失等违约责任。本案例中，卖家与孟某之间的合同既然已经成立，卖家就应当对孟某负责，按照买卖合同约定将订单货物交付给孟某；而快递公司应当对卖家负责，按照运输合同约定将店主交付承运的货物送达买家签收。但由于货物被他人签收导致孟某未收到货物，表明卖家违约致使合同目的没有实现，因此，孟某的损失应由卖家承担；若快递公司有过错，那么，卖家可以就运输合同追究快递公司的违约责任。

法　条

《中华人民共和国民法典》

第一百一十九条　依法成立的合同，对当事人具有法律约束力。

第五百零九条　当事人应当按照约定全面履行自己的义务。

当事人应当遵循诚信原则，根据合同的性质、目的和交易习惯履行通知、协助、保密等义务。

当事人在履行合同过程中，应当避免浪费资源、污染环境和破坏生态。

第五百七十七条　当事人一方不履行合同义务或者履行合

同义务不符合约定的，应当承担继续履行、采取补救措施或者赔偿损失等违约责任。

3. 用会员积分购买的商品，出现质量问题后是否能要求退货？

案 情

陈某是一名大三的学生，热衷网购。某日，陈某在某宝上购买了一副蓝牙耳机，付款时使用的是会员积分，实际上等于一分钱也没有花。3 天后，陈某收到了货物，拆开后发现耳机某处有小小的破损，当时陈某也没太在意。等到第二天使用时，陈某才发现该耳机存在严重的质量问题，根本无法使用。于是，陈某立即和卖家取得了联系，说明情况后要求退货，但卖家却坚称无法退货，原因是陈某当时购买时使用的是会员积分，无法办理退货。陈某和卖家经过几番争论后都未果，最终便放弃了退货的要求。请问，用会员积分购买的商品，出现质量问题后是否能要求退货？

解 析

我国《消费者权益保护法》第二十四条规定，经营者提供的商品或者服务不符合质量要求的，消费者可以依照国家规定、当事人约定退货，或者要求经营者履行更换、修理等义务。没有国家规定和当事人约定的，消费者可以自收到商品之日起七日内退货；七日后符合法定解除合同条件的，消费者可以及时退货，不符合法定解除合同条件的，可以要求经营者履行更换、修理等义务。依照前款规定进行退货、更换、修理的，经营者应当承担运输等必要费用。由此可见，经营者提供商品或服务的质量有问题的，消费者可以无条件要求退、换货，这一规定并没有任何适用的前提条件，无论消费者是以何种方式购买到的商品或服务，只要存在质量问题，消费者就享有该项权利，而经营者就应当履行该项义务。

本案例中，陈某购买的蓝牙耳机在收到货物的第二天就出现质量问题，要求卖家退货是正当合法的。卖家以“会员积分购买商品”为理由拒绝退货，没有任何法律依据，其应当根据法律规定及时为陈某办理退货申请。退货后，系统应退还购买该商品时使用的积分，同时积分的有效期不变。

法 条

《中华人民共和国消费者权益保护法》

第二十四条 经营者提供的商品或者服务不符合质量要求的，消费者可以依照国家规定、当事人约定退货，或者要求经营者履行更换、修理等义务。没有国家规定和当事人约定的，消费者可以自收到商品之日起七日内退货；七日后符合法定解除合同条件的，消费者可以及时退货，不符合法定解除合同条件的，可以要求经营者履行更换、修理等义务。

依照前款规定进行退货、更换、修理的，经营者应当承担运输等必要费用。

4. 发票重开后产生的运费应该由谁承担?

案　情

代某是一位名副其实的网购达人，日用百货、服装鞋帽等无一不在网上置办。一日，代某在某网站购买了一台电热水器，下单后的第二天就收到了货物。拆开货物时，代某发现开具的发票抬头有错误，于是代某立即联系了网站客服，要求重新开具一张发票，网站客服人员表示同意重新开具发票，但重开发票产生的运费需由代某自己承担。代某一听自己还要承担重开发票的快递费，心中有些不满，便对客服说："我当时已经提供了正确的发票抬头信息，是因你们疏忽才造成了发票开具错误，凭什么要我承担发票重开后产生的运费呢，这个钱我是不会出的。"那么，发票重开后产生的费用到底应该由谁承担?

解　析

经营者提供商品或者服务，应当按照国家有关规定或者商业惯例向消费者出具发票等购货凭证。消费者索要发票等购货凭证，经营者必须出具。我国《民法典》第五百一十条规定，合同生效后，当事人就质量、价款或者报酬、履行地点等内容没有约定或者约定不明确的，可以协议补充；不能达成补充协议的，按照合同相关条款或者交易习惯确定。本案例中，对于网上购物合同重开发票的费用负担问题，卖家与代某在合同里并没有约定；而重开发票产生的快递费用，明显是由于卖家的错误导致的。既然合同条款中没有约定快递费用的承担问题，代某与卖家也不能达成一致的意见，那么，可以根据《民法典》第五百一十一条的规定处理，当事人就有关合同内容约定不明确，依据前条规定仍不能确定的，适用下列规定……（六）履行费用的负担不明确的，由履行义务一方负担；因债权人原因增加的履行费用，由债权人负担。卖家作为开具发票的义务方，同时也是导致发票重开的责任方，重开发票产生的快递费用，理应由卖家来承担。

法　条

《中华人民共和国民法典》

第五百一十条　合同生效后，当事人就质量、价款或者报酬、履行地点等内容没有约定或者约定不明确的，可以协议补充；不能达成补充协议的，按照合同相关条款或者交易习惯确定。

第五百一十一条　当事人就有关合同内容约定不明确，依据前条规定仍不能确定的，适用下列规定：

……

（六）履行费用的负担不明确的，由履行义务一方负担；因债权人原因增加的履行费用，由债权人负担。

5. 商家能否将酒水免费附上隐含条件？

案　情

9月20日是韩某的生日，公司的几个同事决定下班后到附近的某饭店给韩某庆祝生日。下班后，韩某等人到该饭店时，正巧赶上饭店搞活动，门口广告牌上写着：今晚酒水一律免费。韩某等人一看都觉得不错，其中还有人开玩笑说："既然今天酒水免费，那我们就喝个痛快！"其他人也笑笑表示同意。待大家吃饱喝足后，韩某去柜台结账，却发现收银员把酒水钱也算在了里面，韩某有些困惑便问收银员："门口不是写着今天酒水一律免费吗？为什么还收我酒水钱？"收银员称，酒水是免费，但前提是消费满500元才能免费。韩某对此感到非常生气，认为该饭店的这种做法是在欺骗消费者，并称绝对不会付酒水钱。请问，商家能否将酒水免费附上隐含条件？

解　析

该饭店的做法侵犯了消费者的知情权，商家不能将酒水免费附上隐含条件。我国《消费者权益保护法》第八条第一款规定，消费者享有知悉其购买、使用的商品或者接受的服务的真实情况的权利。同时，我国《广告法》第四条第一款规定，广告不得含有虚假或引人误解的内容，不得欺骗、误导消费者。由此可见，经营者应当真实、全面地向消费者提供有关商品或者服务的相关信息，不得作虚假或者引人误解的宣传，否则，消费者有权按照广告宣传的内容进行消费。本案例中，饭店的广告牌上写着"酒水一律免费"，并未写明是在消费满500元的前提条件下，酒水才能免费。因此，该饭店的行为明显是对消费者知情权的侵犯，该饭店应当把明确的意思写在广告牌上，而不是误导消费者进行虚假宣传。对此，韩某完全可以按照其牌子上所说的，坚持酒水一律免费，而不支付酒水费用。

法 条

《中华人民共和国消费者权益保护法》

第八条 消费者享有知悉其购买、使用的商品或者接受的服务的真实情况的权利。

消费者有权根据商品或者服务的不同情况，要求经营者提供商品的价格、产地、生产者、用途、性能、规格、等级、主要成份、生产日期、有效期限、检验合格证明、使用方法说明书、售后服务，或者服务的内容、规格、费用等有关情况。

《中华人民共和国广告法》

第四条第一款 广告不得含有虚假或者引人误解的内容，不得欺骗、误导消费者。

6. 预订的酒店被取消，酒店应当双倍返还预订人的定金吗？

案 情

6 月 12 日，林某的妻子生下一名男婴。为了给儿子庆祝满月，林某于 6 月 27 日预订了市里数一数二的大酒店，一共订了 8 桌酒席，时间是 7 月 13 日上午 10 点，并交了 5000 元的定金。大概过了一周的时间，林某突然接到了酒店人员打来的电话，电话里称："不好意思，林先生，由于在 7 月 13 日那天本酒店被一位庆祝寿宴的陈先生包下，因此不能承办您儿子的满月酒了，您预交的定金我们会返还给您。"林某对此感到十分生气，再重新预订酒店时间有些来不及，本来订好的这家酒店也只能被迫取消，因此，林某要求酒店必须返还自己双倍的定金，否则会将酒店诉至法院。那么，酒店应该双倍返还林某定金吗？

解 析

定金是在合同订立或履行之前，合同一方当事人支付给对方一定数额的金钱作为担保，确保合同按照约定履行的担保方式。为了督促合同双方履行各自的义务，《民法典》第五百八十七条明确规定，交付定金的一方不履行债务的，丧失定金；而收受定金的一方不履行债务的，应双倍返还定金。这就是合同的“定金罚则”，该准则对合同双方当事人都具有约束力。

同时，本案例中酒店的做法，明显违背了我国《消费者权益保护法》第四条规定的诚实信用原则。所谓诚实信用原则，是指经营者在与消费者进行交易时，应该诚实守信，不得恶意违反法律的规定与双方的约定。案例中，林某已经向酒店预订了酒席并交付了定金，酒店没有经过林某同意就擅自取消，其行为违反了诚实信用原则，并且该酒店明确表示其不履行合同义务，因此，按照《民法典》第五百八十七条关于定金罚则的规定，该酒店应该向林某双倍返还定金。

法 条

《中华人民共和国消费者权益保护法》

第四条 经营者与消费者进行交易，应当遵循自愿、平等、公平、诚实信用的原则。

《中华人民共和国民法典》

第五百八十七条 债务人履行债务的，定金应当抵作价款或者收回。给付定金的一方不履行债务或者履行债务不符合约定，致使不能实现合同目的的，无权请求返还定金；收受定金的一方不履行债务或者履行债务不符合约定，致使不能实现合同目的的，应当双倍返还定金。

7. 饭店能以未在消费小票上盖章为由拒开发票吗？

案 情

艾某约朋友到市中心的某餐厅聚餐，几个人吃得十分开心，但结账的时候却发生了不愉快的事情。当时，艾某要求服务员开发票，同时拿出了一星期之前在该饭店就餐的消费小票，要求累计开发票，没想到却遭到服务员的拒绝，理由是消费小票上没有该饭店盖的章，因此无法累计开发票，只能开这次的发票。艾某觉得这样的理由很荒唐，便要求服务员叫来了餐厅的负责人，可餐厅负责人给的答复也是一样的，称消费小票上须有饭店盖的章才能累计开发票。艾某十分愤怒，想到有关部门进行投诉。那么，艾某可以去投诉吗？饭店能以未在消费小票上盖章为由拒开发票吗？

解 析

饭店不能以未在消费小票上盖章为由拒开发票。根据《消费者权益保护法》第二十二条的规定，经营者提供商品或者服务，应当按照国家有关规定或者商业惯例向消费者出具发票等购货凭证或者服务单据；消费者索要发票等购货凭证或者服务单据的，经营者必须出具。因此，开具发票是经营者的一项法定义务，而索要发票是消费者的权利，经营者必须予以配合。

同时，《发票管理办法》第十九条还规定，销售商品、提供服务以及从事其他经营活动的单位和个人，对外发生经营业务收取款项，收款方应当向付款方开具发票；特殊情况下，由付款方向收款方开具发票。如果经营者不依法开具发票，是逃避税收的违法行为。综上可以看出，法律仅规定经营者必须出具发票，并没有设定任何限制性条件，消费者消费后，经营者必须依法无条件地为其开具发票，不得以任何理由拒绝。本案例中，饭店以消费小票上未盖章为由拒绝开发票的做法是错误的，明显不符合法律规定。因此，艾某可以向消费者协会投诉，也可以向税务部门投诉。

法　条

《中华人民共和国消费者权益保护法》

第二十二条　经营者提供商品或者服务，应当按照国家有关规定或者商业惯例向消费者出具发票等购货凭证或者服务单据；消费者索要发票等购货凭证或者服务单据的，经营者必须出具。

《中华人民共和国发票管理办法》

第十九条　销售商品、提供服务以及从事其他经营活动的单位和个人，对外发生经营业务收取款项，收款方应当向付款方开具发票；特殊情况下，由付款方向收款方开具发票。

8. 乘客乘车时丢失行李，损失应由谁赔偿？

案　情

常某是河北某大学的一名在校生。某日，常某乘坐长途客运汽车返校，随身携带了父母不久前送的一台价值8000元的苹果笔记本电脑。常某上车时便随手把电脑放在了行李架子上，并告知了乘务员自己带有贵重物品，一定要妥善保管。可是，当汽车进站时，常某突然发现自己的电脑不见了，他四处寻找未果后便与乘务员进行协商，要求汽车运输公司承担自己的损失，但乘务员认为是常某没有看管好自己的物品才导致电脑丢失，所以拒绝赔偿。最终，双方因协商未果诉至法院。那么，常某的损失应该由谁承担？

解 析

常某的损失应该由汽车运输公司承担。根据我国《民法典》第八百一十四条以及第八百二十四条的规定，客运合同自承运人向旅客出具客票时成立，但当事人另有约定或者另有交易习惯的除外。在运输过程中旅客自带物品毁损、灭失，承运人有过错的，应当承担损害赔偿责任……案例中，当常某购买车票乘车时，其与运输公司之间已形成客运合同关系，运输公司应当根据合同内容履行义务。当常某将自己的行李交给乘务员并告知其妥善保管时，运输公司的工作人员应当对其行李进行妥善保管，但运输公司却不慎将该行李丢失。根据案情介绍，很显然，乘务员无法提出有力证据证明自己未存在任何过错，因此常某的损失应当由运输公司承担。

法 条

《中华人民共和国民法典》

第八百一十四条 客运合同自承运人向旅客出具客票时成立，但是当事人另有约定或者另有交易习惯的除外。

第八百二十四条　在运输过程中旅客随身携带物品毁损、灭失，承运人有过错的，应当承担赔偿责任。

旅客托运的行李毁损、灭失的，适用货物运输的有关规定。

9. 空调车不开空调，乘客要求退票有法律依据吗？

案　情

于某住的地方离上班的地方大概有3站地的距离，自从当地实行车辆限号后，他便经常乘坐空调公交车，即使是双休日，他也会选择乘公交车外出，感觉既方便又舒适。2016年8月的一天，于某乘坐空调公交车下班回家，车里并没有开空调，当时正处于下班高峰期，车内人特别多，于某感觉又热又闷，就要求司机把空调打开，但司机称空调坏了无法使用。于某对此十分不满，他想知道能不能成功退票。请问，空调车不开空调，乘客要求退票有法律依据吗？

解　析

根据我国《民法典》第八百一十四条以及第八百二十一条的规定，客运合同自承运人向旅客出具客票时成立，但当事人另有约定或者另有交易习惯的除外。承运人擅自降低服务标准的，应当根据旅客的要求退票或者减收票款；提高服务标准的，不应当加收票款。由此可见，乘客按空调车票价购买车票时，即与该承运公司建立了相应的客运合同关系。在旅客运输中，承运人应当按照旅客运输合同约定，开放空调行驶并将旅客运送至目的地。承运人擅自降低服务标准的行为，实质上是对乘客要求按合同的约定获得相应服务权利的侵害，承运人的做法已经违反了承运合同的约定，所以在这种情况下，应当尊重乘客的选择权，而乘客有权选择要求退票或减收票款。在本案例中，空调车不开空调，明显是一种降低服务标准的行为，其行为已经构成违约。因此，乘客可以依法要求退票。

法 条

《中华人民共和国民法典》

第八百一十四条 客运合同自承运人向旅客出具客票时成立，但是当事人另有约定或者另有交易习惯的除外。

第八百二十一条 承运人擅自降低服务标准的，应当根据旅客的请求退票或者减收票款；提高服务标准的，不得加收票款。

10. 饭店未及时制止顾客斗殴，有赔偿责任吗？

案 情

近日，某饭店发生了一起斗殴事件。当日中午，严某与女朋友在该饭店用餐。不一会儿，邻桌来了 3 位客人，由于 3 人在用餐时打闹声过大，严重影响了严某与女朋友就餐，因此引起了严某的不满。严某上前协商，结果一言不合便发生了口角。一时间，双方剑拔弩张，对方对着严某就是一顿暴打，而当时在场的服务员因担心受牵连便没有上前制止，也没有及时报警，导致严某伤得很严重。事后打人者逃之夭夭，面对此情况，饭店对严某是否有赔偿责任？

解　析

根据《民法典》第一千一百九十八条的规定，经营者提供的服务应当符合保障人身、财产安全的要求，应在合理限度范围内尽到安全保障义务。经营者未尽到安全保障义务造成消费者人身损害的，依法应当承担赔偿责任。本案例中，当严某在饭店内被殴打时，饭店工作人员既未阻止也未报案，导致严某受伤，显然没有尽到合理限度内的安全保障义务，有一定的过错。由于打人者逃走，而饭店没有及时制止或者报警，根据该条第二款的规定，因第三人侵权导致损害结果发生的，由实施侵权行为的第三人承担赔偿责任。安全保障义务人有过错的，应当承担相应的补充赔偿责任。安全保障义务人承担责任后，可以向第三人追偿。因此，饭店应当在能够防止或者制止损害的范围内承担相应的补充赔偿责任。饭店承担责任后，可以就自己向严某已经作出的赔付向殴打严某的人追偿。

法　条

《中华人民共和国民法典》

第一千一百九十八条　宾馆、商场、银行、车站、机场、体育场馆、娱乐场所等经营场所、公共场所的经营者、管理者或者群众性活动的组织者，未尽到安全保障义务，造成他人损害的，应当承担侵权责任。

因第三人的行为造成他人损害的，由第三人承担侵权责任；经营者、管理者或者组织者未尽到安全保障义务的，承担相应的补充责任。经营者、管理者或者组织者承担补充责任后，可以向第三人追偿。

11. 游客在景点“被宰”应怎样维权?

案 情

假日期间，有人选择和家人朋友一起在家休息，也有人选择外出旅游放松，但在旅游时遇上贪心的商家就非常闹心了。今年8月，第一次到秦皇岛旅游的郑某就遇到了闹心的事。当时，郑某是和朋友跟随旅游团一起去的，到那儿之后导游极力推荐大家玩一下摩托艇，郑某二人觉得不错便决定尝试一下。玩摩托艇之前，导游和商家都说100元一人。郑某和朋友两人各自乘坐一辆摩托艇，刚开始一直是商家开着，不一会儿商家说让郑某二人自己驾驶。等到郑某二人开完回到岸上结账时，商家却向郑某索要1000元。郑某感到很费解，便向商家询问：“玩之前不是说好一个人100元吗?”商家解释道：“是一个人100元，但100元的前提是只开一圈，你们已经开了五六圈了，所以两个人加起来一共是1000元。”那么请问，此时的郑某该怎么办?

解 析

根据我国《消费者权益保护法》第十条以及第五十五条的相关规定，消费者享有公平交易的权利。经营者提供商品或者服务有欺诈行为的，应当按照消费者的要求增加赔偿其受到的损失，增加赔偿的金额为消费者购买商品的价款或者接受服务的费用的三倍；增加赔偿的金额不足五百元的，为五百元。此外，我国《旅游法》第九条第三款规定，旅游者有权要求旅游经营者按照约定提供服务。我国《导游人员管理条例》第十六条也规定，导游人员进行导游活动，不得欺骗、胁迫旅游者消费或者与经营者串通欺骗、胁迫旅游者消费。由此可见，当游客发现导游介绍的自费项目中存在欺诈时，可以要求提供服务的经营者按照约定提供产品和服务，或者要求其承担赔偿责任。本案例中，该导游属虚假宣传，与经营者串通欺骗旅游者消费。因此，郑某二人可要求增加赔偿其受到的损失。

法　条

《中华人民共和国旅游法》

第九条……

旅游者有权知悉其购买的旅游产品和服务的真实情况。

旅游者有权要求旅游经营者按照约定提供产品和服务。

《中华人民共和国消费者权益保护法》

第十条第一款　消费者享有公平交易的权利。

第五十五条第一款　经营者提供商品或者服务有欺诈行为的，应当按照消费者的要求增加赔偿其受到的损失，增加赔偿的金额为消费者购买商品的价款或者接受服务的费用的三倍；增加赔偿的金额不足五百元的，为五百元。法律另有规定的，依照其规定。

《导游人员管理条例》

第十六条　导游人员进行导游活动，不得欺骗、胁迫旅游者消费或者与经营者串通欺骗、胁迫旅游者消费。

12. 在旅游景点购买的特产有质量问题，应如何维权？

案 情

春节期间，高某一家跟随旅游团到四川旅游。当天下午，高某等游客就被带到了一家卖特产的商店。店里的东西非常齐全，而且服务员的态度也非常好，让游客们感到很温暖。高某的妻子见服务员这么热情，于是就买了一些特产。旅行结束回到家后，高某决定将妻子买的特产给亲戚朋友分一分，结果一拆开才发现，妻子当时看到的质量优质的商品，全部变成了劣质品，有的甚至已经腐烂。那么，面对这种情况，高某应如何维权？

解 析

根据我国《消费者权益保护法》第十条及第二十四条的相关规定，消费者购买商品时，有权获得质量保障、价格合理、计量正确等公平交易条件，经营者提供的商品不符合质量要求的，消费者可以要求退货，所产生的运输等必要费用由经营者承担。游客购物即属于消费行为，其权益受损时，可依据该法维护自身权益。同时，根据《旅游法》第三十五条的规定，旅行社不得通过安排购物获取回扣等不正当利益，导游和领队不得诱导、欺骗、强迫或者变相强迫旅游者购物。如果旅行社收取回扣，旅游者有权要求旅行社为其办理退货并先行垫付退货款。因此，游客的权益受损时，可以向旅行社先行要求退款，其余问题也可一并由旅行社与购物地的商家进行交涉解决。当然，游客还可以求助消费者协会、旅游主管部门或者人民法院来维护自身的合法权益。

法条

《中华人民共和国消费者权益保护法》

第十条 消费者享有公平交易的权利。

消费者在购买商品或者接受服务时，有权获得质量保障、价格合理、计量正确等公平交易条件，有权拒绝经营者的强制交易行为。

第二十四条 经营者提供的商品或者服务不符合质量要求的，消费者可以依照国家规定、当事人约定退货，或者要求经营者履行更换、修理等义务。没有国家规定和当事人约定的，消费者可以自收到商品之日起七日内退货；七日后符合法定解除合同条件的，消费者可以及时退货，不符合法定解除合同条件的，可以要求经营者履行更换、修理等义务。

依照前款规定进行退货、更换、修理的，经营者应当承担运输等必要费用。

《中华人民共和国旅游法》

第三十五条 旅行社不得以不合理的低价组织旅游活动，诱骗旅游者，并通过安排购物或者另行付费旅游项目获取回扣等不正当利益。

……

发生违反前两款规定情形的，旅游者有权在旅游行程结束后三十日内，要求旅行社为其办理退货并先行垫付退货货款，或者退还另行付费旅游项目的费用。

13. 导游有权安排收费项目获取利益吗?

案　情

今年5月，吴某参加了当地某旅行社组织的“苏杭七日游”。包括交通费、住宿费、三餐费、景点门票、导游全程服务费等，一共才1500元，价格非常便宜。但令吴某没想到的是，1500元里所包含的景点门票都是一些不知名的景点，如果想要参观那些知名的景点还需要另交费。而参观知名景点的收费方式是导游集体收费，购买团体票。吴某知道，在一般情况下，旅游景点的团体票票价，要比散客票价便宜，但最后导游向大家收钱的时候却比散客票价还高出很多。对此，吴某感到很困惑，却又不知道该怎么办。后来，吴某从一个做导游的朋友那里得知，通常这种情况下导游都会得到一定的回扣，不少导游都是靠着这个赚钱的。请问，导游有权安排收费项目获取不正当利益吗?

解　析

旅游业的回扣，是指在旅游活动中，旅游产品供给方（旅游购物商店、旅游宾馆饭店、旅游景区景点等）为了销售产品，给旅行社和导游等各种名目的好处费，这部分收入既未如实入账又未在合同或其他协定中公开约定。对此，根据我国《旅游法》第三十五条的规定，旅行社不得以不合理的低价组织旅游活动，诱骗旅游者，并通过安排购物或者另行付费旅游项目获取回扣等不正当利益。旅行社组织、接待旅游者，不得指定具体购物场所，不得安排另行付费旅游项目……显然，旅游业的回扣是一种违法行为。旅行社应严格按照《旅游法》的规定及合同的约定为旅游者安排旅游项目，不得为获取不正当的利益，侵犯旅游者的合法权益。同时，我国《导游人员管理条例》第十六条也规定，导游人员进行导游活动，不得欺骗、胁迫旅游者消费或者与经营者串通欺骗、胁迫旅游者消费。很明显，本案中导游的做法是对游客的一种欺骗，违反了法律的禁止性规定，其应当赔偿游客的损失。

法　条

《中华人民共和国旅游法》

第三十五条　旅行社不得以不合理的低价组织旅游活动，诱骗旅游者，并通过安排购物或者另行付费旅游项目获取回扣等不正当利益。

旅行社组织、接待旅游者，不得指定具体购物场所，不得安排另行付费旅游项目。但是，经双方协商一致或者旅游者要求，且不影响其他旅游者行程安排的除外。

发生违反前两款规定情形的，旅游者有权在旅游行程结束后三十日内，要求旅行社为其办理退货并先行垫付退货货款，或者退还另行付费旅游项目的费用。

《导游人员管理条例》

第十六条　导游人员进行导游活动，不得欺骗、胁迫旅游者消费或者与经营者串通欺骗、胁迫旅游者消费。

第十七条　旅游者对导游人员违反本条例规定的行为，有权向旅游行政部门投诉。

第五章

食品安全

食品安全是全民都关注的重要话题，与我们的生命健康息息相关。我国《食品安全法》对食品安全的定义是，食品无毒、无害，符合应当有的营养要求，对人体健康不造成任何急性、亚急性或者慢性危害。然而，实际生活中，一些不良商家为了个人利益，不顾国家标准、法律规定，铤而走险，在食品中违法添加不合格原料或者违禁的成分，对人民的生命财产造成威胁。对此，国家加大了法律监督力度，作为消费者一定要树立食品安全意识，多了解一些相关的法律知识，坚决抵制违反国家食品安全法律规定的行为。

1. 没有国家标准的地方特色食品是否就意味着没有标准?

案　情

陈某经营某特色小吃店已经有两年了，但一直以来他对自己所生产的特色小吃是否符合食品安全标准并不是很清楚。前不久，当地的市场监管局准备对当地的特色小吃进行食品安全标准检测。大家听说了之后都很担心，害怕自己店里的食品不符合标准，可陈某认为这些特色小吃本来就没有国家标准，相关部门无法进行衡量，也就是说，这些特色食品根本就没有食品安全标准，所以根本不用担心。那么，陈某的想法正确吗?

解　析

陈某的想法是错误的。根据我国现行的《食品安全法》第二十九条的规定，对地方特色食品，没有食品安全国家标准的，省、自治区、直辖市人民政府卫生行政部门可以制定并公布食品安全地方标准，报国务院卫生行政部门备案。食品安全国家标准制定后，该地方标准即行废止。由此可知，并不是食品没有国家安全标准就意味着没有食品安全标准。对于地方特色食品，没有国家标准的，地方政府的相关部门可以制定此种食品的安全标准，即地方标准。一旦国家标准出台，地方标准即可废止。

中国地大物博，地方特色食品数不胜数，国家不可能将所有的食品安全标准都制定出来，对于没有国家标准的地方特色食品，地方政府可能会制定相关的地方标准。因此，任何生产特色食品的商家都不能抱有侥幸心理，虽然特色食品没有国家安全标准，但是，这并不意味着地方政府部门没有规定此项标准。本案例中，如果当地食品安全部门制定了特色食品的地方标准，那么陈某等人生产的食品就必须符合地方食品安全标准。

法　条

《中华人民共和国食品安全法》

第二十九条　对地方特色食品，没有食品安全国家标准的，省、自治区、直辖市人民政府卫生行政部门可以制定并公布食品安全地方标准，报国务院卫生行政部门备案。食品安全国家标准制定后，该地方标准即行废止。

2. 饭店用洗衣粉洗盘子是否会受到处罚?

案　情

某日中午，崔某与几个朋友到某饭店吃饭。由于大家很久没见面了，便喝了点酒。不一会儿，崔某想要去趟卫生间，可能是酒有点上头的原因，他不小心走到了后厨洗碗筷的地方。可这一走错却让崔某看到了不可置信的一幕，他发现该饭店的员工正在用洗衣粉清洗碗筷，崔某瞬间清醒，而且非常生气，立即找来了饭店的负责人进行理论。崔某对饭店负责人说：“你们怎么能用洗衣粉洗碗筷呢？这样做是危害人体健康的。”可饭店负责人却不以为然，他觉得洗衣粉和洗洁精一样，只要用清水冲洗干净就行了。面对饭店负责人的态度，崔某感到非常生气，于是向有关部门进行了举报。那么，该饭店会受到处罚吗？

解　析

饭店与人们的日常生活息息相关，饭店的食品安全卫生也关系到很多人的身体健康，因此，饭店在保证自己的食品干净卫生的同时，也应当确保自己所用的餐具符合相应的标准。根据我国《食品安全法》第三十三条第十项的规定，生产经营者使用的洗涤剂、消毒剂应当对人体安全、无害。而洗衣粉中所含有的成分有毒，是禁止食用的，会对人体的健康产生很大的危害。此外，《食品安全法》第一百二十六条第一款还规定，餐具、饮具和盛放直接入口食品的容器，使用前未经洗净、消毒或者清洗消毒不合格，或者餐饮服务设施、设备未按规定定期维护、清洗、校验的，由县级以上人民政府食品安全监督管理部门责令改正，给予警告；拒不改正的，处五千元以上五万元以下罚款；情节严重的，责令停产停业，直至吊销许可证。由此可知，饭店使用洗衣粉洗盘子的行为是违法的，这会导致出现食品安全问题，可能会对消费者的身体健康产生影响。案例中的饭店应该将盘子等餐具进行专业消毒或者用专用洗涤剂进行清洗，否则会受到行政部门的相应处罚。

法　条

《中华人民共和国食品安全法》

第三十三条　食品生产经营应当符合食品安全标准，并符合下列要求：

……

（十）使用的洗涤剂、消毒剂应当对人体安全、无害；

……

第一百二十六条 违反本法规定，有下列情形之一的，由县级以上人民政府食品安全监督管理部门责令改正，给予警告；拒不改正的，处五千元以上五万元以下罚款；情节严重的，责令停产停业，直至吊销许可证：

……

（五）餐具、饮具和盛放直接入口食品的容器，使用前未经洗净、消毒或者清洗消毒不合格，或者餐饮服务设施、设备未按规定定期维护、清洗、校验；

……

3. 国家是否为婴儿辅食的营养成分也制定了标准？

案 情

周日早上，李某打开电视看到正在播放一条关于“婴儿辅食营养成分超标”的新闻。根据记者报道，国家市场监督管理局对婴儿辅食产品进行检测之后，查出有十多家企业生产的婴幼儿米粉不合格，原因主要是钠、钙、维生素等营养成分含量不达标。目前，国家监管局已经对这十多家企业作出了相关处罚。李某看完新闻后不免有些感慨：难道国家为婴儿辅食的营养成分也制定了标准吗？

解 析

近年来，随着“毒奶粉”“假疫苗”等事件的频繁发生，婴儿食品安全问题层出不穷。婴幼儿身体免疫力较差，对食品安全质量要求高，同时，婴幼儿是一个家庭乃至一个国家的希望，如果不能保障其食品安全，不能保证其健康成长，将会产生很多社会问题。因此，我们必须严格守好婴幼儿食品营养成分的国家标准，并运用法律手段着重进行监管。

根据《食品安全法》第三十四条的规定，营养成分不符合食品安全标准的专供婴幼儿和其他特定人群的主辅食品禁止生产经营。以法律途径抑制不安全食品的产生，并对违法企业进行严惩，才能实现对婴幼儿食品的有效监管。对于像本案例中的某些企业违反法律规定，生产不符合婴幼儿食品营养成分标准的行为，根据《食品安全法》第一百二十三条的规定，如果尚不构成犯罪，由县级以上人民政府食品安全监督管理部门没收违法所得和违法生产经营的食品，并可以没收用于违法生产经营的工具、设备、原料等物品；违法生产经营的食品货值金额不足一万元的，并处十万元以上十五万元以下罚款；货值金额一万元以上的，并处货值金额十五倍以上三十倍以下罚款；情节严重的，吊销许可证，并可以由公安机关对其直接负责的主管人员和其他直接责任人员处五日以上十五日以下拘留。如果已经构成犯罪，则应当承担相应的刑事责任。同时，如果对婴儿造成人身损害的，还应当承担民事侵权赔偿责任。

由此可见，国家为婴儿辅食的营养成分也制定了标准，违反该食品安全标准的企业，可能需要承担刑事、行政、民事责任。

法 条

《中华人民共和国食品安全法》

第三十四条 禁止生产经营下列食品、食品添加剂、食品相关产品：

……

（五）营养成分不符合食品安全标准的专供婴幼儿和其他特定人群的主辅食品；

……

第一百二十三条 违反本法规定，有下列情形之一，尚不构成犯罪的，由县级以上人民政府食品安全监督管理部门没收违法所得和违法生产经营的食品，并可以没收用于违法生产经营的工具、设备、原料等物品；违法生产经营的食品货值金额不足一万元的，并处十万元以上十五万元以下罚款；货值金额一万元以上的，并处货值金额十五倍以上三十倍以下罚款；情节严重的，吊销许可证，并可以由公安机关对其直接负责的主管人员和其他直接责任人员处五日以上十五日以下拘留：

……

（二）生产经营营养成分不符合食品安全标准的专供婴幼儿和其他特定人群的主辅食品；

……

4.《食品安全法》中有关于学校门外小吃摊的规范吗？

案 情

从小学到大学，无论是校门外还是宿舍区外，小吃摊早已经是非常普遍的现象，并越来越受到学生们的欢迎。很多学生都不愿意去学校食堂就餐，原因首先是对食堂的饭菜、环境不满，其次就是受到马路边上小吃摊的诱惑。小吃摊的美味对学生而言是一种很大的诱惑，虽然这些小吃摊很受学生们的欢迎，但在食品安全上也存在一些问题。那么，《食品安全法》中是否有关于学校门外小吃摊的规范？

解 析

校园外存在很多小吃摊，国家食品安全监督管理部门也一直关注着这些小吃摊的食品安全问题。为保证这些食品摊贩的生产经营符合食品安全标准，我国《食品安全法》第三十六条对此作出了明确的规定，食品生产加工小作坊和食品摊贩等在从事食品生产经营活动时，应达到法律规定的食品安全要求，保证其所生产经营的食品卫生、无毒、无害，这些食品摊贩要受到食品安全监督管理部门的监督管理。国家法律作出此项规定的目的是规范这些食品摊贩在生产经营中的活动，确保他们生产的食品达到法律规定的安全标准，保证消费者特别是学生的生命健康，进而促进社会主义市场经济的健康、有序发展。

法 条

《中华人民共和国食品安全法》

第三十六条 食品生产加工小作坊和食品摊贩等从事食品生产经营活动，应当符合本法规定的与其生产经营规模、条件相适应的食品安全要求，保证所生产经营的食品卫生、无毒、无害，食品安全监督管理部门应当对其加强监督管理。

县级以上地方人民政府应当对食品生产加工小作坊、食品摊贩等进行综合治理，加强服务和统一规划，改善其生产经营环境，鼓励和支持其改进生产经营条件，进入集中交易市场、店铺等固定场所经营，或者在指定的临时经营区域、时段经营。

食品生产加工小作坊和食品摊贩等的具体管理办法由省、自治区、直辖市制定。

5.《食品安全法》对“药膳”是如何规定的?

案情

在现实社会中，有很多公司企业打着食品或饮品成分中含有多种中药、具有药用价值的口号，来销售商品。近日，到某饭店吃饭的王先生就遇到了这一状况。当天中午，王先生和朋友到该饭店聚餐，打开菜单一看却令其大吃一惊，王先生对着菜单自言自语道：“还真是应了网上的那句话，高端大气上档次啊，一盘凉菜都要40多元，这不是坑人吗!”这时，服务员听到了王先生的话，便笑着对王先生说：“先生，您得细看这菜单。您看，我们这菜谱和别的地方不一样，图片底下都有文字介绍，每道菜中都添加了不同的中药，具有滋补肝肾、活血化瘀、化痰止咳等功效。”王先生听到服务员这么一介绍，心里不免产生了疑问：难道现在的食品中可以加上“药膳”吗？请问，这些“药膳”符合《食品安全法》的规定吗?

解析

当今社会，消费者越来越注重养生、保健，因此在挑选食物或饮品时，倾向于购买那些具有药用价值的“药膳”食材。为了避免一些不良商家为利用消费者的这一心理来达到营利的目的而随意乱加药品，我国法律对食品添加的药材有严格的规定。根据我国《食品安全法》第三十八条的规定，生产经营的食品中不得添加药品，但是可以添加按照传统既是食品又是中药材的物质。传统的既是食品又是中药材的物质目录由国务院卫生行政部门会同国务院食品安全监督管理部门制定、公布。也就是说，公司或企业可以销售具有药用价值的食品、饮品，但是这些“药膳”中添加的物质种类需要严格遵守法律的规定，不得将法律禁止加入食品中的药材物质加入这些“药膳”中。

法 条

《中华人民共和国食品安全法》

第三十八条 生产经营的食品中不得添加药品，但是可以添加按照传统既是食品又是中药材的物质。按照传统既是食品又是中药材的物质目录由国务院卫生行政部门会同国务院食品安全监督管理部门制定、公布。

6. 转基因食品的包装上是否应当进行标示?

案 情

某日，冯女士在离家不远的某大型超市里购买了一些小西红柿。据冯女士称，她当时由于家里有急事便没有细看，后来才知道这是转基因西红柿，超市却没有作任何关于转基因方面的标示。冯女士很生气，她立即找到该超市理论，而超市却认为这是生产商的事情，与超市无关，要找也应该找生产商。于是，冯女士便又根据超市提供的地址找到了小西红柿的生产商，但生产商却称既然人们都认识转基因食品，何必还要费力进行标示呢？面对生产商的态度，冯女士非常生气，最终将生产商诉至法院。请问，转基因食品的包装上是否应当进行标示？

解析

现实生活中，老百姓对转基因食品还不是很了解，其实转基因食品是利用现代分子生物技术，将某些生物的基因转移到其他物种中去，改造生物的遗传物质，使其更满足消费者的需求的较特殊食品。对于转基因食品的安全性，目前全世界范围内都还没有一个准确的定论，但在生活中，消费者几乎都是谈转基因色变。为了保障消费者的知情权，我国法律对此已经进行了多种规定，包括企业在生产销售的过程中应当在产品包装上进行标示等。根据我国《农业转基因生物标识管理办法》第七条的规定，转基因食品的标识应当醒目，并和产品的包装、标签同时设计和印制。本案中，该小西红柿的生产商生产转基因食品时并未进行明显标示，涉嫌欺诈性交易，冯女士可以要求退还购物款。在当地相关部门介入调查的情况下，该超市应当立即停止销售此类货物。同时根据《食品安全法》第一百二十五条的规定，当地的食品安全监督管理部门有权对其进行行政处罚。

法条

《农业转基因生物标识管理办法》

第七条第一款 农业转基因生物标识应当醒目，并和产品的包装、标签同时设计和印制。

《中华人民共和国食品安全法》

第六十九条 生产经营转基因食品应当按照规定显著标示。

第一百二十五条 违反本法规定，有下列情形之一的，由县级以上人民政府食品安全监督管理部门没收违法所得和违法生产经营的食品、食品添加剂，并可以没收用于违法生产经营的工具、设备、原料等物品；违法生产经营的食品、食品添加剂货值金额不足一万元的，并处五千元以上五万元以下罚款；货值金额一万元以上的，并处货值金额五倍以上十倍以下罚款；情节严重的，责令停产停业，直至吊销许可证：

……

（三）生产经营转基因食品未按规定进行标示；

……

7. 食品广告中的内容涉及治疗和预防疾病合法吗？

案　情

长生食品公司由于产品结构单一，缺乏创新性，导致库存积压多，公司损失严重。今年9月，该公司从外地聘请研发专员开始进行产品创新。考虑到人们对养生非常重视，于是公司决定生产一种具有身体保健功能的饼干。在该产品正式流入市场之前，该公司为了增强吸引力，加大噱头，自行印制了宣传册，大肆宣扬该饼干具有调节血糖、血脂，预防肠道疾病的功效。很快，该公司的大规模宣传活动引起了当地市场监督管理局的注意。在调查鉴定之后，市场监督管理局发现该公司生产的饼干虽然具有一定的调节血糖的作用，但并没有产品宣传得那样神奇。那么，长生食品公司在食品广告中的内容能否涉及治疗和预防疾病呢？

解析

将保健食品混同于普通食品或药品进行宣传，是一些食品生产企业宣传其产品的惯用手段。目前市场上有不少食品包装、说明书、广告中印有宣传疗效的字样，一些产品的经营者甚至采取健康讲座等方式大肆宣传或暗示食品的药用疗效，诱导消费者购买。为了防止此种违法行为扩大化，我国《食品安全法》第七十三条第一款规定，食品广告的内容应当真实合法，不得含有虚假内容，不得涉及疾病预防、治疗功能。食品生产经营者对食品广告内容的真实性、合法性负责。这一规定明确了无论何种情况，我国食品宣传过程中均不得涉及疾病的预防和治疗，严格区分了食品和保健品之间的区别。本案例中的长生食品公司不仅过分夸大了食品的功效，具有虚假宣传的性质，而且其利用预防疾病的噱头进行宣传的行为也已经违反了法律规定，根据该法第一百二十五条的规定，该公司应当受到相应的行政处罚。

法条

《中华人民共和国食品安全法》

第七十三条第一款　食品广告的内容应当真实合法，不得含有虚假内容，不得涉及疾病预防、治疗功能。食品生产经营者对食品广告内容的真实性、合法性负责。

第一百二十五条　违反本法规定，有下列情形之一的，由县级以上人民政府食品安全监督管理部门没收违法所得和违法生产经营的食品、食品添加剂，并可以没收用于违法生产经营的工具、设备、原料等物品；违法生产经营的食品、食品添加剂货值金额不足一万元的，并处五千元以上五万元以下罚款；

货值金额一万元以上的，并处货值金额五倍以上十倍以下罚款；情节严重的，责令停产停业，直至吊销许可证：

……

（二）生产经营无标签的预包装食品、食品添加剂或者标签、说明书不符合本法规定的食品、食品添加剂；

……

8. 商店进口无中文标签的食品是否符合法律规定？

案情

某日，郑某下班时看到一家新开的食品店，决定进去转转，顺便给女儿买些饼干吃。转了一圈后，郑某最终将目光放在了“韩国原装进口饼干”上，店员见郑某对此饼干感兴趣，便立即走过来介绍该饼干的优点。郑某经过一番了解后，购买了该饼干。郑某将饼干拿回家给妻子看时，妻子总觉得哪里不对劲儿，仔细一想才发现该饼干并没有中文标签。于是，妻子称：“不能把饼干给女儿吃，没有中文标签，咱们也不知道食品的成分，太不安全了。”那么，郑某妻子的说法正确吗？商店进口无中文标签的食品是否符合法律规定？

解析

郑某妻子的说法正确。在购买进口食品时，消费者不应当仅仅查看包装标识上的外文来进行判断，而应当根据生产经营者提供的中文标签上所陈述的产品信息进行综合考量。为了保护消费者的食品安全，食品生产经营者应当提供合法的商品标签。而根据我国《食品安全法》第九十七条的规定，进口的预包装食品、食品添加剂应当有中文标签；依法应当有说明书的，还应当有中文说明书。标签、说明书应当符合本法以及我国其他有关法律、行政法规的规定和食品安全国家标准的要求，并载明食品的原产地以及境内代理商的名称、地址、联系方式。预包装食品没有中文标签、中文说明书或者标签、说明书不符合本条规定的，不得进口。若企业违反上述规定，相关行政部门有权依据该法第一百二十五条的规定进行行政处罚。因而，本案例中商店进口的饼干上未标注中文标签，是不符合法律规定的，其产品属于不符合食品安全标准的食品，生产经营者应当受到相应惩罚。

法 条

《中华人民共和国食品安全法》

第九十七条 进口的预包装食品、食品添加剂应当有中文标签；依法应当有说明书的，还应当有中文说明书。标签、说明书应当符合本法以及我国其他有关法律、行政法规的规定和食品安全国家标准的要求，并载明食品的原产地以及境内代理商的名称、地址、联系方式。预包装食品没有中文标签、中文说明书或者标签、说明书不符合本条规定的，不得进口。

第一百二十五条 违反本法规定，有下列情形之一的，由县级以上人民政府食品安全监督管理部门没收违法所得和违法生产经营的食品、食品添加剂，并可以没收用于违法生产经营的工具、设备、原料等物品；违法生产经营的食品、食品添加剂货值金额不足一万元的，并处五千元以上五万元以下罚款；货值金额一万元以上的，并处货值金额五倍以上十倍以下罚款；

情节严重的，责令停产停业，直至吊销许可证：

……

（二）生产经营无标签的预包装食品、食品添加剂或者标签、说明书不符合本法规定的食品、食品添加剂；

……

生产经营的食品、食品添加剂的标签、说明书存在瑕疵但不影响食品安全且不会对消费者造成误导的，由县级以上人民政府食品药品监督管理部门[①]责令改正；拒不改正的，处二千元以下罚款。

9. 买到了不符合安全标准的食品，消费者该如何维权？

案　情

由于工作性质的原因，顾某经常到外地出差。顾某有一个习惯，她喜欢在出差的时候准备一些零食在火车上吃。今年9月，顾某又接到了到外地出差的通知，于是她像往常一样到超市采购零食。到超市后，顾某看到某酸奶正在搞促销活动，觉得很划算便买了一些。回家后，顾某感觉有些口渴，就先喝了一瓶。可喝完没多久，顾某就觉得肚子不舒服，不一会儿便开始上吐下泻，其丈夫立即将顾某送到医院进行治疗，医生经过诊断确定是因顾某喝的那瓶酸奶导致食物中毒。事后，顾某想要讨回公道，却又不知道该怎么办。那么，顾某应如何维护自己的合法权益呢？

① 现为市场监督管理部门。

解　析

病从口入，食品安全问题一直深受广大消费者的关注。当购买的食品不符合食品安全标准而使我们的合法权益受到损害时，一定要记得选取恰当的方式维护自己的合法权益。根据我国《消费者权益保护法》第三十九条的规定，消费者和经营者发生消费者权益争议的，可以通过下列途径解决：（一）与经营者协商和解；（二）请求消费者协会或者依法成立的其他调解组织调解；（三）向有关行政部门投诉；（四）根据与经营者达成的仲裁协议提请仲裁机构仲裁；（五）向人民法院提起诉讼。根据上述法律规定，本案例中的顾某维护自己合法权益的途径有如下几种：第一，顾某可以与超市就赔偿数额进行协商和解；第二，顾某可以请求当地的消费者协会或者依法成立的其他调解组织进行调解；第三，顾某还可以向当地有关部门投诉该超市；第四，顾某也可以到当地人民法院起诉该超市。顾某因购买酸奶受到了侵害，她可以根据自己的实际情况选择合适的方式进行维权。

法　条

《中华人民共和国消费者权益保护法》

第三十九条　消费者和经营者发生消费者权益争议的，可以通过下列途径解决：

（一）与经营者协商和解；

（二）请求消费者协会或者依法成立的其他调解组织调解；

（三）向有关行政部门投诉；

（四）根据与经营者达成的仲裁协议提请仲裁机构仲裁；

（五）向人民法院提起诉讼。

10. 大家在集体食物中毒事件中遭受损害，受害者该怎样起诉？

案　情

近日，四川省某市的小周举办了一次很闹心的婚礼，原本热热闹闹的喜事却以宾客们上吐下泻收尾。10月6日上午，新郎小周与新娘叶某在当地某酒店举办婚礼。婚宴结束后，有很多人出现了上吐下泻的症状，小周见状立即拨打了120急救电话，救护车快速赶来后把有上吐下泻症状的宾客送往了医院。医生经过诊断，最终确定是食物中毒。事后，小周及宾客经过了解得知中毒是由当时婚宴上的食品所致。对此，宾客们非常生气，想要起诉该酒店，但一想到这么多人遭受损害，又不知道该怎样起诉。那么，大家该如何起诉呢？

解　析

消费者在集体食物中毒事件中遭受损害，每个人都向法院起诉既费时又费力，同时法院审理每个人的诉讼也会耗费大量的司法资源。对此，根据我国《民事诉讼法》第五十三条的规定，当事人一方人数众多的共同诉讼，可以由当事人推选代表人进行诉讼。代表人的诉讼行为对其所代表的当事人发生效力，但代表人变更、放弃诉讼请求或者承认对方当事人的诉讼请求，进行和解，必须经被代表的当事人同意。据此可知，当受害人人数众多时，为了降低起诉的成本，可以推选出代表人参加诉讼。同时，该法第五十二条第一款规定，当事人一方或者双方为二人以上，其诉讼标的是共同的，或者诉讼标的是同一种类、人民法院认为可以合并审理并经当事人同意的，为共同诉讼。也就是说，这类案件起诉到法院后，可以按照共同诉讼一并审理。在本案中，宾客们想要起诉该酒店，请求该酒店赔偿自己的损失，属于共同诉讼。为了节省宾客们的时间和精力，方便法官审理案件，他们可以推选出代表人参加诉讼。

法 条

《中华人民共和国民事诉讼法》

第五十二条第一款 当事人一方或者双方为二人以上，其诉讼标的是共同的，或者诉讼标的是同一种类、人民法院认为可以合并审理并经当事人同意的，为共同诉讼。

第五十三条 当事人一方人数众多的共同诉讼，可以由当事人推选代表人进行诉讼。代表人的诉讼行为对其所代表的当事人发生效力，但代表人变更、放弃诉讼请求或者承认对方当事人的诉讼请求，进行和解，必须经被代表的当事人同意。

11. 可以通过哪些途径进行食品药品投诉举报？

案 情

小安是某校五年级的学生。一直以来，小安都有一个让父母感到很头疼的毛病，那就是他很喜欢吃零食，尤其是带有辣味的零食。某日放学后，小安在校门口的商店又买了一些小零食，其中就有“辣条”。结果吃完没多久便开始腹泻，小安在医院治疗了三天。医生告知小安的父母他是受大肠杆菌感染，细菌来源于小安在学校门口商店买的"辣条"。对此，小安的父母非常生气，决定到相关部门进行投诉。请问，小安的父母可以通过哪些途径进行投诉举报呢？

解　析

维护食品安全人人有责，投诉举报是法律赋予消费者在遇到食品安全问题时进行自我保护的方法。根据《市场监督管理投诉举报处理暂行办法》第三条的规定，所谓投诉，是指消费者为了生活消费需要而购买、使用商品或者接受服务时与经营者发生消费者权益争议，请求市场监督管理部门解决该争议。所谓举报，是指自然人等向市场监督管理部门反映经营者涉嫌违反市场监督管理法律、法规、规章开展经营活动等的线索。同时，根据该法第三十六条的规定可知，市场监督管理部门应当畅通全国 12315 平台、12315 专用电话等投诉举报接收渠道，并实行全国统一的投诉举报数据标准和用户规则，确保全国投诉举报信息一体化。由此可知，在本案中，小安的父母可以通过 12315 平台、12315 专用电话、信件、走访等投诉举报渠道投诉举报该商店。

法　条

《市场监督管理投诉举报处理暂行办法》

第三条　本办法所称的投诉，是指消费者为生活消费需要购买、使用商品或者接受服务，与经营者发生消费者权益争议，请求市场监督管理部门解决该争议的行为。

本办法所称的举报，是指自然人、法人或者其他组织向市场监督管理部门反映经营者涉嫌违反市场监督管理法律、法规、规章线索的行为。

第三十六条 市场监督管理部门应当畅通全国12315平台、12315专用电话等投诉举报接收渠道，实行统一的投诉举报数据标准和用户规则，实现全国投诉举报信息一体化。

12. 相关部门会泄露举报投诉人的信息吗？

案 情

东东从小就喜欢吃臭豆腐之类“重口味”的东西。某日晚上，东东没有吃饭，下课之后他就从学校旁边的小吃店买了一碗臭豆腐带回寝室吃。臭豆腐虽然闻着很臭，但是吃起来香，东东狼吞虎咽地就把臭豆腐吃完了。可没过多久，东东就腹痛难忍，蜷缩在床上，刚开始他的室友们还以为东东在闹着玩，过了一会儿他的室友们觉得不对劲，就赶紧送东东去学校的医务室了。医生说东东吃的臭豆腐有质量问题，才导致他腹痛。事后，东东想去投诉举报该小吃店，但又害怕自己的信息被泄露后遭到该小吃店的报复，因此不知该如何是好。那么，东东的信息会被泄露吗？

解 析

当发生食品安全问题时，很多消费者想举报这些无良商家，但是他们又担心自己的信息被泄露而犹豫不决。对此，根据《市场监督管理投诉举报处理暂行办法》第三十三条的规定，对于举报人的信息，市场监督管理部门应当保密，非因工作必须，不得泄露举报人的个人信息、举报办理情况等内容。根据上述法律的规定，东东完全可以放心，自己的信息不会被泄露，他可以安心地举报该超市。

法条

《市场监督管理投诉举报处理暂行办法》

第三十三条 市场监督管理部门应当对举报人的信息予以保密，不得将举报人个人信息、举报办理情况等泄露给被举报人或者与办理举报工作无关的人员，但提供的材料同时包含投诉和举报内容，并且需要向被举报人提供组织调解所必需信息的除外。

第六章

签约履约

随着社会的快速发展，“合同”一词越来越多地出现在我们的生活中，比如租房子要签订房屋租赁合同，借钱要签订借款合同，去商场买试用产品也涉及试用合同等，合同渗透到了我们生活的方方面面。但是关于合同的一些法律知识我们又了解多少呢？为了避免在遇到合同纠纷时我们的合法权益受损，需要学习一些关于民商事合同的法律知识。在对方隐瞒事实造成我们损失时、在对方拖延时间不签订合同造成我们损失时、在对方无力履行合同时、霸王条款侵害我们的利益时……我们只有掌握法律的武器，才能维护自己的合法权益。

1. 签合同时签字和摁手印的法律效力一样吗?

案　情

郭老汉今年50岁，因为家里经济条件不好，儿子30岁了还没有结婚，为了早日攒够儿子结婚用的钱，他就进城去工地上打工了。别看郭老汉年纪大了，但身体特别好，什么脏活累活都难不倒他。有一天，郭老汉为了赚加班费就没有休息，在工作过程中一不留神踩空，把腿摔断了，老板赶紧组织在场的人员把郭老汉送到了医院。在医院，老板就郭老汉的伤情与其协商了赔偿事宜并拟定了协议，由于郭老汉不识字就没有签字，只是在协议上摁了手印。郭老汉的儿子见到赔偿协议后嫌赔偿金额少，便称父亲只是摁手印没有签字，所以该协议没有法律效力。请问，郭老汉儿子的说法正确吗?

解　析

郭老汉儿子的说法是错误的，郭老汉摁手印的行为和签字具有同等的法律效力。根据《民法典》第四百九十条的规定，当事人采用合同书形式订立合同时，合同自当事人均签名、盖章或者按指印时成立。也就是说，合同上有签字、盖章或者指印，就满足成立要件了，三者的法律效力一样。在实践中，我们签订合同时，可以同时签名和摁手印，或者只摁手印，因为签名或者盖私章都存在风险，人的笔迹可以变，私章也可能被仿刻，而人的指纹是特定的、独一无二的。本案例中，郭老汉同意老板与其协商的赔偿事宜，摁手印签协议的行为是郭老汉的真实意思表示，摁手印的行为和签字具有同等的法律效力，因此，该赔偿协议已经生效，郭老汉儿子的说法不正确。

法　条

《中华人民共和国民法典》

第四百九十条　当事人采用合同书形式订立合同的，自当事人均签名、盖章或者按指印时合同成立。在签名、盖章或者按指印之前，当事人一方已经履行主要义务，对方接受时，该合同成立。

法律、行政法规规定或者当事人约定合同应当采用书面形式订立，当事人未采用书面形式但是一方已经履行主要义务，对方接受时，该合同成立。

2. 消费者在网络购物时，合同在什么时候成立？

案　情

“双十一”期间，各大电商平台都在进行促销活动。林子是资深某宝用户，热衷于钻研各种优惠活动。林子在11月11日凌晨的时候，在某宝上的某家店铺抢购鞋子。该鞋子原价1299元，但“双十一”当天晚上前200名买家只需要599元。林子在抢购开始前就将鞋子加入了购物车，幸运的是，林子最后抢到了鞋子并立刻进行了付款。该店铺承诺会在支付货款后7天内发货，但事后，店铺的客服联系林子，说由于货源问题，需要补充新货，新货进价高，需要林子再补充100元才能给其发货。林子很纳闷，明明说好的599元，为什么要变成699元呢？依照法律来定的话，应该以哪个价格为准呢？在网上购买商品的，合同何时成立？

解　析

随着互联网的飞速发展，电子交易越发频繁，它具有即时性和跨地域性的特点。虽然电子交易中的买卖合同是通过互联网这个媒介订立的，但其实质上仍然是当事人意思表示一致的结果，因此，需要遵循合同规则。对于电子合同的成立时间，我国《民法典》第四百九十一条第二款规定，除了当事人另有约定外，在买家提交订单成功时合同成立。也就是说，电子合同成立的时间是提交订单成功时，不是卖家发货的时间，也不是买家收到货的时间。因为，买家提交订单，意味着其购买商品的意思表示已经通过其行为表明，是对商家发出要约的承诺。因此，消费者在成功提交订单后，合同就已经成立。

在本案例中，林子在 11 月 11 日凌晨提交了订单，并成功地支付了价款，此时，合同已经成立。卖家应该按照合同约定的价格，即 599 元，履行发货的义务。卖家因进货而产生额外的费用，并不影响与林子之间的合同的履行，其额外费用只能由卖家自行承担。

法　条

《中华人民共和国民法典》

第四百九十一条第二款　当事人一方通过互联网等信息网络发布的商品或者服务信息符合要约条件的，对方选择该商品或者服务并提交订单成功时合同成立，但是当事人另有约定的除外。

3. 格式合同中的霸王条款有效吗?

案 情

小杰在一家证券交易公司上班，收入颇丰，乘坐地铁或坐公交车上下班太挤了，小杰就萌生了买车的念头。经过货比三家，小杰十分中意某品牌今年推出的新款车，但是当地没有现货，需要预订。小杰十分中意这款车，就和销售商签订了购车合同，合同上约定小杰先交一部分预付款，3 个月后再来提车。提车的时间到了，销售人员却称由于运输问题，小杰预订的汽车没有运到店里，小杰不能按时提车。小杰十分生气便与其理论，销售人员指出购车合同中有格式条款，约定销售商在合同约定期限内无法交车时不承担违约责任。小杰认为这是霸王条款，是无效的。请问，小杰的说法正确吗?

解 析

格式合同，是指当事人为了重复使用而预先拟定、并在订立合同时未与对方协商即签订的合同，如保险合同、拍卖成交确认书等。适用于消费者的制度或者规定、商业广告、通知、声明、店堂告示、凭证、单据等，其内容具备要约条件并符合前款规定的，视为格式条款。格式合同的优点在于高效率，是交易活动标准化、便捷化的反映。格式合同可以事先分配当事人之间的利益，预先确定风险分担机制，增加对生产经营预期效果的确定性，从而提高生产经营的计划性，促进生产经营的合理性。但提供格式合同的一方，总是处于相对优越的地位，将一些有利于自己而不利于对方的条款订入合同，以免除自己的责任、加重合同相对方的责任。为了规范格式条款的应用，我国法律专章对其进行了规定。根据我国《民法典》第四百九十六条的规定，格式条款是当事人为了重复使用而预先拟定，并在订立合同时未与对方协商的条款。采用格式条款订立合同的，提供格式条款的一方应当遵循公平原则确定当事人之间的权利和义务，并采取合理的方式提请对方注意免除或者限制其责任的条款，按照对方的要求，对该条款予以说明。同时该法第四百九十七条规定，提供格式条款一方不合理地免除其责任、加重对方责任、排除对方主要权利的，该条款无效。格式条款具有可重复使用、高效、便捷的特点，在日常生活中应用十分广泛。在本案例中，小杰签订的购车合同中约定销售商在合同约定期限内无法交车时不承担违约责任，属于“提供格式条款一方不合理地免除或者减轻其责任、加重对方责任、限制对方主要权利”的霸王条款，该条款无效，销售商在合同约定的期限内无法交车的行为已构成违约，应向小杰承担相应的法律责任。

法　条

《中华人民共和国民法典》

第四百九十六条　格式条款是当事人为了重复使用而预先拟定，并在订立合同时未与对方协商的条款。

采用格式条款订立合同的，提供格式条款的一方应当遵循公平原则确定当事人之间的权利和义务，并采取合理的方式提示对方注意免除或者减轻其责任等与对方有重大利害关系的条款，按照对方的要求，对该条款予以说明。提供格式条款的一方未履行提示或者说明义务，致使对方没有注意或者理解与其有重大利害关系的条款的，对方可以主张该条款不成为合同的内容。

第四百九十七条 有下列情形之一的，该格式条款无效：

（一）具有本法第一编第六章第三节和本法第五百零六条规定的无效情形；

（二）提供格式条款一方不合理地免除或者减轻其责任、加重对方责任、限制对方主要权利；

（三）提供格式条款一方排除对方主要权利。

第四百九十八条 对格式条款的理解发生争议的，应当按照通常理解予以解释。对格式条款有两种以上解释的，应当作出不利于提供格式条款一方的解释。格式条款和非格式条款不一致的，应当采用非格式条款。

4. 悬赏广告约定报酬，归还者能要求失主支付报酬吗？

案 情

曼曼大学期间学的是会计专业，大学毕业后就进了一家公司当会计。曼曼办事严谨，很受领导赏识。但是一天曼曼外出办事将装有公司重要证件和支票本的文件袋弄丢了，经多方努力仍未能找到。无奈之下，曼曼就在当地的报纸上刊登了一则悬赏广告，内容包括：捡到文件袋者送还公司，本人愿意支付3000元人民币作为报酬。此法果然有效，第二天李某就拿着曼曼遗失的文件袋送到了公司。但是当李某要求曼曼支付3000元的报酬时，曼曼面露难色，觉得3000元报酬太多，不愿意支付，李某十分生气，指责曼曼言而无信。请问曼曼可以拒绝支付悬赏广告中约定的报酬吗？

解　析

曼曼应该按照悬赏广告中的约定支付李某报酬。悬赏广告是指以广告的方式公开表示对于完成一定行为的人给予报酬的意思表示，基于该意思表示，悬赏人对完成指定行为的人负有给付报酬的义务。根据《民法典》第四百九十九条的规定，如果悬赏人以公开的方式声明对完成特定行为的人支付报酬的，完成该行为的人有权请求其支付报酬。由此可以看出，如果他人完成了悬赏广告约定的行为，发布广告方就应当支付悬赏广告约定的报酬。在本案例中，曼曼遗失了公司的重要证件和支票本，在悬赏广告中以具体数额许诺答谢归还者，所以在李某将文件袋归还的时候，曼曼应该支付悬赏广告中约定的报酬。

法　条

《中华人民共和国民法典》

第四百九十九条　悬赏人以公开方式声明对完成特定行为的人支付报酬的，完成该行为的人可以请求其支付。

5. 一方为拖延签订合同而隐瞒事实，另一方该怎么办？

案　情

小杨虽出身农村，但天资聪颖，学习刻苦。大学毕业后小杨想回家乡发展，利用家乡盛产水果的优势开一家干果加工厂。

开干果加工厂需要大批的机器设备，一家机械制造厂得到该消息后就积极和小杨联系，表达了合作的意向。但是该机械制造厂根本不具备制造该批机器的能力，无法按时完成任务，其一直试图通过引进技术来完成小杨的这批订单，所以一直以各种理由拖延签订合同。后来该机械制造厂引进技术失败，无法按时生产出机器。小杨一筹莫展，他想知道该机械制造厂隐瞒事实拖延合同签订时间，自己能要求其赔偿损失吗？

解 析

机械制造厂为争取签约机会，假意与其磋商，构成缔约过失责任。缔约过失责任产生于合同订立阶段，是基于订立合同过程中的过失而产生的，是违反先合同义务的结果。所谓先合同义务，是指当事人为缔约而互相磋商时，基于诚实信用原则而发生的各种说明、告知、注意以及保护等义务。缔约过失责任是一种法定责任，当事人不能对其加以约定，其构成要件是：（1）只发生在缔约阶段；（2）违反先合同义务一方负有责任；（3）一方受有损失且违反先合同义务的行为与损失之间具有因果关系。缔约过失责任的赔偿方式只限于赔偿责任，赔偿范围为信赖利益的损失，赔偿范围没有限制性。一般来说，订立合同需要协商，协商不成是不承担责任的。但机械制造厂在进行合同谈判时没有遵循诚实信用原则，恶意进行磋商，给小杨造成损失。依照《民法典》第五百条的规定，应当承担赔偿责任，即承担缔约过失责任，所以机械制造厂应以小杨的损失为限对其进行赔偿，如谈判中发生的费用以及因此失去和第三人合作机会的损失。

法　条

《中华人民共和国民法典》

第五百条　当事人在订立合同过程中有下列情形之一，造成对方损失的，应当承担赔偿责任：

（一）假借订立合同，恶意进行磋商；

（二）故意隐瞒与订立合同有关的重要事实或者提供虚假情况；

（三）有其他违背诚信原则的行为。

6. 一方濒临破产，另一方能中止履行合同吗？

案　情

小梁大学毕业后在一家公司上班，薪资待遇都不错。后来小梁觉得朝九晚五一成不变的生活不是自己想要的，他想趁着年轻出去闯荡一下，就辞职了。小梁辞职后选择了创业，他父亲退休前是一家服装厂的厂长，他利用这一优势开了一家服装厂。服装厂成立后，生产的服装款式新颖，质量过硬，一下子就打开了销路。今年 8 月初，小梁和一家纺织厂签订了一份布匹购销合同，双方约定纺织厂 9 月底交货，小梁在 7 月 10 日前把货款打到纺织厂指定的账户上。合同订立后不久，小梁得知该纺织厂濒临破产，如果把货款打过去必然会造成损失。那么请问，小梁能中止履行合同吗？

解 析

小梁和纺织厂签订买卖合同后，得知该厂濒临破产，这在现实生活中非常常见。明知对方履行合同的可能性不大，又担心自己不履行先期义务，对方会追究自己的责任。根据《民法典》第五百二十七条的规定，应当先履行债务的当事人，有确切证据证明对方经营状况严重恶化的，可以中止履行；当事人没有确切证据中止履行的，应当承担违约责任。该法条是关于不安抗辩权的规定，当先履行合同一方有确切证据证明后履行一方生产经营状况发生严重恶化时，可以中止履行合同。同时，根据该法第五百二十八条的规定，当事人依照前述规定中止履行的，应当及时通知对方。对方提供适当担保的，应当恢复履行。中止履行后，对方在合理期限内未恢复履行能力并且未提供适当担保的，可视为对方以行为表明不履行主要债务，此时，中止履行的一方可以解除合同并可以请求对方承担违约责任。本案例中小梁先付款，纺织厂后交货，当小梁有确切证据证明纺织厂濒临破产时，其为保护自己的利益可以拒绝支付货款，在纺织厂提供担保后再给付货款。

法 条

《中华人民共和国民法典》

第五百二十七条 应当先履行债务的当事人，有确切证据证明对方有下列情形之一的，可以中止履行：

（一）经营状况严重恶化；

（二）转移财产、抽逃资金，以逃避债务；

（三）丧失商业信誉；

（四）有丧失或者可能丧失履行债务能力的其他情形。

当事人没有确切证据中止履行的，应当承担违约责任。

第五百二十八条　当事人依据前条规定中止履行的，应当及时通知对方。对方提供适当担保的，应当恢复履行。中止履行后，对方在合理期限内未恢复履行能力且未提供适当担保的，视为以自己的行为表明不履行主要债务，中止履行的一方可以解除合同并可以请求对方承担违约责任。

7. 可以要求增加或减少违约金吗？

案　情

郝某大学毕业后在一家国企工作，后来因为单位效益不好，他就辞职和朋友一起开了一家建筑公司。公司成立后承接的第一个订单就是给一家家具厂扩建厂房。合同约定双方不得以任何理由停工，如有违约过错方支付工程总额的15%作为违约金。开工后，家具厂由于线路短路起火被停业整顿，导致扩建工程停止施工半个月。工程完工后，郝某找到家具厂索要违约金，家具厂以违约金过高为由请求减少，郝某以共同约定为由不同意减少违约金。原来双方约定的违约金高达15万元，而停工期间郝某的损失只有2万元。请问，家具厂能要求减少违约金吗？

解　析

违约金是一种制裁违约行为的责任方式，其特点是由双方协商确定、数额预先确定、不完全以实际损害为基础、其支付不可替代合同履行等。根据我国《民法典》第五百八十五条的规定，当事人可以约定一方违约时应当根据违约情况向对方支付一定数额的违约金，也可以约定因违约产生的损失赔偿额的计算方法。约定的违约金低于造成的损失的，当事人可以请求人民法院或者仲裁机构予以增加；约定的违约金过分高于造成的损失的，当事人可以请求人民法院或者仲裁机构予以适当减少。由此可见，违约金过低或过高可以适当增加或减少，体现了公平原则，保护了守约方利益。另外，违约金的增加和减少，法院和仲裁机构不可主动干预，应由当事人提出。本案中，合同双方约定的违约金高达 15 万元，而停工期间郝某的损失只有 2 万元，明显存在违约金过高的现象，故家具厂可以向法院或仲裁机构申请减少违约金。

法　条

《中华人民共和国民法典》

第五百八十五条　当事人可以约定一方违约时应当根据违约情况向对方支付一定数额的违约金，也可以约定因违约产生的损失赔偿额的计算方法。

约定的违约金低于造成的损失的，人民法院或者仲裁机构可以根据当事人的请求予以增加；约定的违约金过分高于造成的损失的，人民法院或者仲裁机构可以根据当事人的请求予以适当减少。

当事人就迟延履行约定违约金的，违约方支付违约金后，还应当履行债务。

8. 因不可抗力不能履行合同，可以免除违约责任吗？

案　情

秀琴出生在农村，在家中排行老大，家里经济条件不好，她很早就进城打工补贴家用。几年后，秀琴到了适婚年龄，经人介绍嫁到了邻村。嫁人后，秀琴就在家和丈夫承包了 100 亩土地种植棉花，几年间，秀琴和丈夫干得风生水起，在当地小有名气。今年一家纺织厂找到秀琴，双方签订合同，约定纺织厂收购秀琴今年种植的全部棉花，按市场价格收购，如一方违约，支付违约金两万元。但是天有不测风云，村里遭遇水灾，棉花秧苗全部受灾。秀琴没有办法，只好到纺织厂说明情况，但纺织厂称产不出棉花与纺织厂无关，秀琴没有按时交付棉花给纺织厂造成损失，应依约向纺织厂交付两万元违约金。请问，秀琴需要支付该违约金吗？

解　析

本案例中因双方都不能预见的事由导致合同无法继续履行，不能归责于秀琴，所以可以免除她的责任。签订合同后，双方当事人应当积极履约，一方违约的，另一方可以要求对方继续履行、承担违约金或者赔偿损失。但是根据我国《民法典》第五百九十条的规定，当事人一方因不可抗力不能履行合同的，根据不可抗力的影响，部分或者全部免除责任。所谓不可抗力，是指不能预见、不能避免并不能克服的客观情况，法律中对于不可抗力的规定包括地震、泥石流、台风、水灾等自然灾害和战争、暴乱、封锁、政策禁令等社会事件。此外，政府行为有时也可归为不可抗力，即双方签订合同后，政府颁布政策导致合同无法履行。同时，根据该法规定，当事人一方因不可抗力不能履行合同的，应当及时通知对方，以减轻可能给对方造成的损失，并应当在合理期限内提供证明。本案例中秀琴和纺织厂签订合同后，由于遭受水灾导致秀琴不能履行合同，这显然不是双方当事人所能预见、避免或者克服的，因此，应当免除秀琴的违约责任，秀琴应当及时通知纺织厂，以减轻可能给对方造成的损失，并应当在合理期限内提供证明。

法　条

《中华人民共和国民法典》

第五百九十条　当事人一方因不可抗力不能履行合同的，根据不可抗力的影响，部分或者全部免除责任，但是法律另有规定的除外。因不可抗力不能履行合同的，应当及时通知对方，以减轻可能给对方造成的损失，并应当在合理期限内提供证明。

当事人迟延履行后发生不可抗力的，不免除其违约责任。

9. 预订书签订后，因对方拖延不签订合同遭受损失应该怎么办?

案　情

大华成立了一家建筑公司，规模虽然不大但是订单络绎不绝。最近大华的建筑公司接了一单大生意，需要大量的建筑材料。经过货比三家，大华和一家建筑材料公司达成了合作意向并签订了一份预订书，约定15天后正式签订买卖合同，其后送一批货结算一次货款。令人意想不到的是，建筑市场突然火爆异常，各种建筑材料价格飙升。转眼签订合同的时间到了，该建筑材料公司迟迟不肯签合同。现在工地上材料短缺，大华一时间也不知道去哪里进货，工程只好停工，造成了巨大损失。大华找到建筑材料公司要求其赔偿自己遭受的损失。那么，大华要求建筑材料公司赔偿自己的损失有法律依据吗?

解　析

《民法典》第四百九十五条规定，当事人约定在将来一定期限内订立合同的认购书、订购书、预订书等，构成预约合同。当事人一方不履行预约合同约定的订立合同义务的，对方可以请求其承担预约合同的违约责任。预订书是预约合同的一种，原则上其成立和效力适用普通合同的规定，因不履行订立合同义务而侵害一方当事人信赖利益的，需要承担违约责任。本案例中，大华和建筑材料公司经过协商，达成了合作意向才签订预订书。预订书的签订表明建筑材料公司同意和大华签订建筑材料买卖合同，后来建筑材料公司因故取消合同，在此期间，大华来不及补货导致工程停工遭受了巨大损失，建筑材料公司应赔偿大华受到的损失。

法　条

《中华人民共和国民法典》

第四百九十五条　当事人约定在将来一定期限内订立合同的认购书、订购书、预订书等，构成预约合同。

当事人一方不履行预约合同约定的订立合同义务的，对方可以请求其承担预约合同的违约责任。

10. 在运输途中货物遭到损坏的，损失应当由谁来承担？

案 情

娜娜高考成绩不理想，没有考上好大学又不愿意再复读，就在父母的帮助下开了一家化妆品店。刚开始，娜娜对市场不了解只是做零售，上手以后又开始打入批发市场，生意做得很是红火。冬天快到了，化妆品的销售旺季到了，娜娜手头的货不多了，她就从广州某化妆品公司订购了一批具有抗皱保湿功效的保养品，预计 10 天后到货。5 天后，娜娜的一位老顾客甲向娜娜订购相同功效的化妆品，娜娜就通知承运人将该批货物运往甲所在的城市，其他事宜未作约定。不料，货物在运输途中遭遇了车祸全部毁损。请问，该批化妆品毁损造成的损失应该由谁承担？

解 析

根据我国法律规定，一般货物买卖自货物交付时风险转移，但本案例涉及在途货物买卖的风险承担问题。所谓“在途货物买卖”是指标的物还在运输途中，出卖人将其出卖给买受人。在途货物脱离了合同当事人双方的控制，其毁损、灭失的原因多种多样。对此，我国《民法典》第六百零六条特别规定，出卖人出卖交由承运人运输的在途标的物，除当事人另有约定外，毁损、灭失的风险自合同成立时起由买受人承担。但是，值得注意的是，如果出卖人在订立合同时已经知道或者应当知道货物已经毁损灭失，其又不把这一情况告知买受人的，此时损失应该由卖方承担。本案例中，娜娜和甲就在途化妆品签订了买卖合同，货物在运输途中遭遇车祸毁损灭失，双方在合同中对此没有约定，因此，根据上述法律规定，该损失应该由买方甲承担。

法 条

《中华人民共和国民法典》

第六百零六条 出卖人出卖交由承运人运输的在途标的物，除当事人另有约定外，毁损、灭失的风险自合同成立时起由买受人承担。

11. 试用买卖中“试用费”约定不明，卖方有权要求买方支付该费用吗？

案 情

小白大学毕业后直接留在读书的城市参加了工作，后来在一个聚会上认识了现在的女朋友。两个人感情日趋稳定，各方面也很合得来，打算结婚，并且两个人打算用自己这几年的积蓄共同购买一套房子。这天小白和未婚妻在逛商场的时候发现商场某品牌冰箱正在搞促销，声称“本冰箱一律试用 1 个月，满意再付款，不满意无条件退货”。小白就订购了一台冰箱。冰箱搬回家没几天就出现了各种各样的问题，小白决定退货。商场称退货可以，但是必须支付这几天的试用费。那么，商场事先没有向小白说明退货要支付“试用费”，事后买方需要支付该项费用吗？

解 析

试用买卖是指约定买受人先行试用标的物，然后在一定期限内再决定是否购买标的物的买卖。《民法典》第六百三十九条规定，试用买卖的当事人对标的物使用费没有约定或者约定不明确的，出卖人无权请求买受人支付。由此可知，试用买卖中如果双方事先未就试用费进行约定，则试用人不必支付试用费。本案例中，小白在1个月的试用期内，发现冰箱存在问题，因此小白决定退货。商场要求小白对冰箱造成的磨损进行赔偿，即支付试用费，但是，活动规则并未有此规定，因此，商场没有权利向小白索要试用费。

法 条

《中华人民共和国民法典》

第六百三十九条 试用买卖的当事人对标的物使用费没有约定或者约定不明确的，出卖人无权请求买受人支付。

12. 承诺赠与物品可以反悔吗？

案 情

夏女士离婚后没有经济来源，便到一家商贸公司当文员。夏女士为人诚恳、工作努力，和同事们的关系十分融洽，很多男同事都对她有好感。不久夏女士的同事杨先生向她表达了爱慕之情，两人很快坠入爱河。两人如胶似漆时，杨先生承诺在二人结婚时，将家中祖传的玉镯送给她，并立了个字据。通过一段时间相处之后，夏女士发现杨先生不是自己理想中的人生伴侣就提出了分手，杨先生表示同意。但夏女士随后要求杨先生将承诺的玉镯送给自己，杨先生不同意，夏女士拿出了字据，并称如果不把镯子给她，她就去法院起诉。请问杨先生能拒绝夏女士的要求吗？

解 析

所谓赠与合同，是指赠与人将自己的财产无偿给予受赠人，受赠人表示接受赠与的合同。赠与合同的性质决定了赠与的财产只有在权利转移后才发生法律效力，即动产交付、不动产过户。《民法典》第六百五十八条规定，赠与人在赠与财产的权利转移之前可以撤销赠与。经过公证的赠与合同或者具有救灾、扶贫、助残等社会公益、道德义务性质的赠与合同，不适用前款规定。本案中，祖传玉镯属于杨先生的私人财产，且其答应在两人结婚时送给夏女士，但是还未结婚两人就分手了。玉镯作为动产，在没有将玉镯交付给夏女士前，杨先生可以撤销该赠与，所以杨先生可以拒绝夏女士的要求。

法 条

《中华人民共和国民法典》

第六百五十八条 赠与人在赠与财产的权利转移之前可以撤销赠与。

经过公证的赠与合同或者依法不得撤销的具有救灾、扶贫、助残等公益、道德义务性质的赠与合同，不适用前款规定。

第六百六十三条 受赠人有下列情形之一的，赠与人可以撤销赠与：

（一）严重侵害赠与人或者赠与人近亲属的合法权益；

（二）对赠与人有扶养义务而不履行；

（三）不履行赠与合同约定的义务。

赠与人的撤销权，自知道或者应当知道撤销事由之日起一年内行使。

第六百六十五条 撤销权人撤销赠与的，可以向受赠人请求返还赠与的财产。

13. 没有约定借款期限的，双方当事人该怎么办？

案 情

芸芸从小就是个吃货，看到吃的就走不动，尤其喜欢吃火锅，她所生活的城市大大小小的火锅店都被她吃了个遍，后来芸芸居然吃出了生意经，她准备利用自己对当地火锅店的了解，开一家火锅店。但是租房加装修需要20万元，芸芸的手里只有10万元。就在芸芸一筹莫展的时候，芸芸的闺密赵某提出把钱借给她。芸芸十分高兴，资金一到位，火锅店就红红火火地开业了。生意步入正轨后，芸芸才想起来当时借钱的时候就只签了个简单的借款合同，没有约定还款期限。借款合同没有约定还款时间，双方当事人该怎么办呢？

解 析

在此种情况下，芸芸可以和赵某签订补充协议或随时履行还款义务。《民法典》第六百七十五条规定，借款人应当按照约定的期限返还借款。对借款期限没有约定或者约定不明确，依据本法第五百一十条的规定仍不能确定的，借款人可以随时返还；贷款人可以催告借款人在合理期限内返还。该法第五百一十条规定，合同生效后，当事人就质量、价款或者报酬、履行地点等内容没有约定或者约定不明确的，可以协议补充；不能达成补充协议的，按照合同相关条款或者交易习惯确定。意思就是在借款合同中，当事人未约定还款期限的，双方可就还款期限进行协商，协商不成可根据合同相关内容或交易习惯确定，根据合同相关内容或交易习惯不能确定还款期限的，借款人可以随时返还借款，出借人也可以随时要求其在合理期限内还款。本案例中，芸芸和赵某的借款合同合法有效，但由于双方未就还款时间作出约定，所以，芸芸和赵某可以按照上述规定确定还款期限。

法　条

《中华人民共和国民法典》

第五百一十条　合同生效后，当事人就质量、价款或者报酬、履行地点等内容没有约定或者约定不明确的，可以协议补充；不能达成补充协议的，按照合同相关条款或者交易习惯确定。

第六百七十五条　借款人应当按照约定的期限返还借款。对借款期限没有约定或者约定不明确，依据本法第五百一十条的规定仍不能确定的，借款人可以随时返还；贷款人可以催告借款人在合理期限内返还。

第七章

买房租房

衣食住行是生活上的基本需求，样样不能少，其中房屋是每个公民都关心的问题。现在的房屋已经不仅仅是传统意义上的居住场所，还可以用于出租、抵押等，功能的变化会导致各种各样的问题出现。例如，房屋抵押后再出售的问题、承租人对于被出卖的抵押房产是否有优先购买权、开发商能否将小区公共区域部分卖给个人等，基于这些问题，我们有必要学习一些关于房屋方面的法律知识，以便我们在遇到诸如此类的问题时，可以拿起法律武器维护自己的合法权益。

1. 法院判决房产归己所有，但何时才能取得房屋所有权？

案　情

王老汉早年丧偶，为了不让两个儿子大王和小王受委屈，他没有再婚，一个人既当爹又当妈把两个儿子养大成人。两个孩子也很争气，大学毕业后都找到了理想的工作，这让王老汉感觉自己多年的辛苦没有白费。渐渐地王老汉年事已高，身边需要人照顾，小王就自告奋勇地搬回家和父亲同住并照顾他。而大王这几年工作很忙几乎不回家看望老父亲，有时候王老汉打电话催其回家都不管用。王老汉一气之下立下遗嘱，自己死后名下房屋归小王所有，并作了公证。不久，王老汉身染疾病撒手人寰，大王、小王就其父所遗留的房产发生争议，最后诉至法院。法院经过审理，判决房屋归小王所有。判决生效后，小王一直没有办理房屋产权登记。这种情况下，小王能取得房屋的所有权吗？

解　析

本案中法院判决房屋归小王所有，即使他一直没有办理产权登记，其也可以自法院判决生效之日起，取得房屋所有权。因为我国《民法典》虽然规定房屋所有权的转移不以交付为生效条件，必须进行产权登记才能取得房屋所有权，没有办理登记手续不发生所有权转移的效力，但是，《民法典》第二百二十九条同时规定，人民法院的生效判决，同样可以确定所有权的归属。本案中，法院把房屋判给小王，那么，自判决生效之日起，小王就取得了房屋的所有权。

法 条

《中华人民共和国民法典》

第二百二十九条 因人民法院、仲裁机构的法律文书或者人民政府的征收决定等，导致物权设立、变更、转让或者消灭的，自法律文书或者征收决定等生效时发生效力。

2. 房屋实际情况与宣传广告不符，开发商需要承担违约责任吗？

案 情

吴某是游泳爱好者，上大学的时候他还代表学校参加了大学生游泳比赛。参加工作后，他还是会抽时间去游泳馆放松一下。一天，吴某在游泳馆看到一家房地产的宣传广告，号称自己开发的小区是全市第一家自带游泳池的小区。吴某看到自带泳池很是心动，如果自己在此处买一处房子，以后不出小区就能游泳了。他赶紧到售楼处进行咨询，售房小姐再三承诺宣传广告绝对属实，游泳池就建在小区内。吴某十分高兴地付了房款，但是到交房的时候他傻了眼，宣传广告上所说的游泳池根本不存在，只有一个养鱼的小水池。吴某十分气愤地找开发商理论，要求其承担违约责任，但开发商总躲着不见。那么，吴某能否以开发商的广告与实际情况不符要求其承担违约责任呢？

解　析

开发商应当承担违约责任。根据《民法典》第四百七十三条和《最高人民法院关于审理商品房买卖合同纠纷案件适用法律若干问题的解释》第三条的规定，开发商的销售广告和宣传资料为要约邀请，如寄送的价目表、拍卖公告、招股说明书等，当然还包括本案中的宣传广告，但是其对相关设施所作的说明和允诺具体确定，且对商品房买卖合同的订立及价格有重大影响的，即使该说明和允诺未载入买卖合同，亦应视为合同内容。本案例中，开发商的宣传广告明确说明其开发的房产带有游泳池，这也是与吴某买卖合同成立的最主要因素，所以，当吴某按照开发商的销售广告购买该房屋，其广告内容上的说明和允诺应视为合同内容，开发商应按合同内容履行义务，否则应承担违约责任。

法　条

《中华人民共和国民法典》

第四百七十三条　要约邀请是希望他人向自己发出要约的表示。拍卖公告、招标公告、招股说明书、债券募集办法、基金招募说明书、商业广告和宣传、寄送的价目表等为要约邀请。

商业广告和宣传的内容符合要约条件的，构成要约。

《最高人民法院关于审理商品房买卖合同纠纷案件适用法律若干问题的解释》

第三条　商品房的销售广告和宣传资料为要约邀请，但是出卖人就商品房开发规划范围内的房屋及相关设施所作的说明和允诺具体确定，并对商品房买卖合同的订立以及房屋价格的确定有重大影响的，构成要约。该说明和允诺即使未载入商品房买卖合同，亦应当为合同内容，当事人违反的，应当承担违约责任。

3. 二手房过户后，屋内的抽油烟机归谁所有？

案　情

张某小时候家里穷没有读过几年书，只能在建筑工地上干一些体力活维持生计。与妻子结婚后，他拿出积蓄在农贸市场租了一个摊位，从此干起了销售海鲜的营生。由于眼光独到，又赶上行情好，张某很快就赚到了第一桶金。生意越做越大，张某还是觉得自己没有文化在好多事情上很吃亏，他决定让儿子出国读书，学习更多的知识回来帮自己。出国需要钱，他就和妻子商量把一处房产卖了充当儿子的学费和生活费。房子很快出手了，买主叫李某，双方签订了购房合同并办理了过户手续，一手交钱一手交房。交易完成后，张某想把安装在厨房的抽油烟机拆走，但李某不同意，称自己支付的房款包括抽油烟机，张某则不同意他的说法。那么，此时抽油烟机到底应归谁呢？

解　析

张某有权拆走抽油烟机。根据我国《民法典》第五百一十条的规定，双方当事人签订的合同生效后，如果对价款没有约定或者约定不明确的，可以协议补充，不能达成补充协议的，按照有关条款或者交易习惯确定。本案例中，张某和李某在进行房屋买卖时并没有提及房内的抽油烟机如何处理，事后又未达成任何补充协议。此时按照法律规定应当按照有关条款或交易习惯确定。二人签订的是购房合同，合同中未约定房款是否包括抽油烟机，按照一般人的理解，房款是根据房子大小、优劣以及每平方米价款得出的，和屋内的物品没有关系，所以，张某有权拆走抽油烟机。

法 条

《中华人民共和国民法典》

第五百一十条 合同生效后，当事人就质量、价款或者报酬、履行地点等内容没有约定或者约定不明确的，可以协议补充；不能达成补充协议的，按照合同相关条款或者交易习惯确定。

第五百一十一条 当事人就有关合同内容约定不明确，依据前条规定仍不能确定的，适用下列规定：

……

（二）价款或者报酬不明确的，按照订立合同时履行地的市场价格履行；依法应当执行政府定价或者政府指导价的，依照规定履行。

……

第六百二十六条 买受人应当按照约定的数额和支付方式支付价款。对价款的数额和支付方式没有约定或者约定不明确的，适用本法第五百一十条、第五百一十一条第二项和第五项的规定。

4. “定金”与“订金”有什么区别?

案 情

杜某和前夫离婚后一直租房居住，时间一长她觉得还是需要买套房子，租房不是长久之计。恰巧单位附近的一个小区开盘，她就去看了看，户型、环境、交通她都很满意，售楼人员也带她去看了好几次房，她决定买下来。后来，售楼人员告诉杜某，她看中的这类户型就剩10套了，如果诚心想要不如交一个定金，免得到时候售罄。杜某一听很有道理，想着反正自己要是变卦不买了，开发商还得退给她，没有什么损失，就交了定金。天有不测风云，正当杜某准备付首付款的时候，她的父亲中风住院了，只能取消了购房的计划。可在其向房产商要求退回定金时遭到了拒绝。杜某认为自己交的是“订金”，房产商无理由不退回。那么，“定金”与“订金”到底有何区别呢?

解 析

商品房交易，定金和订金有很大的区别。定金是法律概念，是合同当事人为确保合同的履行而自愿约定的一种担保形式；而订金不是法律概念，其就是一种预付款，一种支付方式，是可以要求退还的。根据《最高人民法院关于审理商品房买卖合同纠纷案件适用法律若干问题的解释》第四条的规定，出卖人通过认购、订购、预订等方式向买受人收受定金作为订立商品房买卖合同担保的，如果因当事人一方原因未能订立商品房买卖合同，应当按照法律关于定金的规定处理；因不可归责于当事人双方的事由，导致商品房买卖合同未能订立的，出卖人应当将定金返还买受人。可见“定金”是一种合同的保证金，如果买方违约，买方不能申请退回，卖方不能履行的话则要双倍返还。因此买房时要注意订金和定金的区别，以免给自己造成损失。

法　条

《最高人民法院关于审理商品房买卖合同纠纷案件适用法律若干问题的解释》

第四条　出卖人通过认购、订购、预订等方式向买受人收受定金作为订立商品房买卖合同担保的，如果因当事人一方原因未能订立商品房买卖合同，应当按照法律关于定金的规定处理；因不可归责于当事人双方的事由，导致商品房买卖合同未能订立的，出卖人应当将定金返还买受人。

5. 卖房人“一房二卖”，在先的买房人可以不要房屋要赔偿吗？

案　情

王某在某小区有一套两居室的房子，由于王某和妻子要去外地工作，遂决定将该房子卖掉。于是，王某在小区的门口张贴了卖房启事。一天，郑某路过该小区，看到了王某张贴的卖房通知，遂决定购买该套房子。郑某与王某取得联系，王某带着郑某看了看房子，郑某很是满意，于是双方经过协商，签订了买卖房屋的合同，郑某交付了房款，但未办理过户。一个星期过去后，刘某无意中看见了王某张贴的卖房启事，与王某取得联系，刘某认为王某的房子很合适，遂与王某商量购买该套房子。刘某给出的价格比之前的郑某高出 5 万元，王某便在隐瞒已与郑某签订购房合同的情况下，又与刘某签订了购房合同，合同约定 30 日内交付房款，并办理过户。后郑某知道了该事情，很是气愤王某不讲诚信的行为，认为王某严重违反合同的约定。在这种情况下，郑某可以不要房屋，直接要求王某赔偿吗？

解　析

本案例中涉及的法律问题是卖房人“一房二卖”的问题。“一房二卖”是指出卖人同时或者先后与两个买受人签订买卖房屋合同，将同一套房屋出售给两个不同的买受人的行为。出卖人“一房二卖”的行为侵犯了两个买受人的合法权益，两个买受人都可以主张自己的权益。在“一房二卖”的情况下，首先需要明确的是前后签订的两个买卖房屋的合同均为有效合同，那么该房屋所有权应归谁所有呢？根据《民法典》的相关规定，房屋等不动产以登记为物权变动条件，已经办理登记手续的一方可以对抗第三人。也就是说，首先以办理过户手续为准，哪一方先办理了过户手续，该方就取得了房屋所有权。若双方均未办理登记过户手续，根据公平原则，先得到交付的一方取得该房屋的所有权。若双方均未实际占有该房屋，则先交付钱款的一方取得该房屋的所有权。在本案例中，依照上述法律规定，由于郑某与刘某均未办理过户，也均未实际占有该房屋，但是郑某已经交付钱款，因此，一般而言，应当由郑某取得房屋所有权。当然，由于出卖人“一房二卖”的行为违反了诚实信用原则，也违反了合同约定，因此，我国法律规定，如果因“一房二卖”导致房屋买卖合同目的不能实现，买受人无法取得房屋的，买受人可以要求出卖人解除合同并赔偿损失。也就是说，本案例中的郑某如果认为其购买房屋的目的不能实现，可以直接索要赔偿。

法　条

《中华人民共和国民法典》

第二百零九条　不动产物权的设立、变更、转让和消灭，经依法登记，发生效力；未经登记，不发生效力，但是法律另有规定的除外。

依法属于国家所有的自然资源，所有权可以不登记。

第五百零二条　依法成立的合同，自成立时生效，但是法律另有规定或者当事人另有约定的除外。

依照法律、行政法规的规定，合同应当办理批准等手续的，依照其规定。未办理批准等手续影响合同生效的，不影响合同中履行报批等义务条款以及相关条款的效力。应当办理申请批准等手续的当事人未履行义务的，对方可以请求其承担违反该义务的责任。

依照法律、行政法规的规定，合同的变更、转让、解除等情形应当办理批准等手续的，适用前款规定。

《最高人民法院关于审理商品房买卖合同纠纷案件适用法律若干问题的解释》

第十三条　商品房买卖合同没有约定违约金数额或者损失赔偿额计算方法，违约金数额或者损失赔偿额可以参照以下标准确定：

逾期付款的，按照未付购房款总额，参照中国人民银行规定的金融机构计收逾期贷款利息的标准计算。

逾期交付使用房屋的，按照逾期交付使用房屋期间有关主管部门公布或者有资格的房地产评估机构评定的同地段同类房屋租金标准确定。

第十五条 商品房买卖合同约定或者城市房地产开发经营管理条例第三十二条规定的办理不动产登记的期限届满后超过一年，由于出卖人的原因，导致买受人无法办理不动产登记，买受人请求解除合同和赔偿损失的，应予支持。

6. 未交付使用的期房能否擅自转让？

案 情

小吴高中毕业后跟随老乡进城务工，经过几年的努力拼搏手里有了积蓄，就在县城买了一套房子。因为是期房，小吴只是和开发商签订了《商品房预售合同》，开发商承诺2021年7月交房，并提出房屋交付前未经开发商同意不得转让。2021年2月，小吴老家的旅游资源被开发，小吴就回到老家经营了一家农家乐，生意十分红火，他决定回村里生活。小吴回村发展，县城的房子一时半会儿也住不上，其就把房子卖给了胡某并签订了房屋转让合同。后来，胡某得知小吴和开发商在《商品房预售合同》中约定房屋交付前未经开发商同意不得转让。他想知道小吴现在把房子卖给自己是否符合法律规定？

解析

本案例中，小吴无法转让未交付使用的房子。根据我国《民法典》第五百零二条第一款的规定，依法成立的合同自成立时生效可知，合同自成立时即产生法律约束力。该法第五百零九条第一款同时又规定，当事人应当按照约定全面履行自己的义务，这就是我们所说的诚信履行合同原则。虽然现实当中，我国法律并没有禁止商品房预售合同的预购人转让自己预购的商品房，但如果预购人自己与开发商在合同中约定预售商品房转让的条件或限制，则必须遵守合同约定。本案例中，小吴和开发商签订的《商品房预售合同》在成立时即产生了法律约束力，双方就应该依照合同规定享受权利、承担义务，并且根据合同诚信履行原则，当小吴与开发商在合同中约定了转让须征得开发商同意时，就必须遵守自己的约定，否则将承担违约责任。所以小吴私自将未交付的期房卖给胡某是不符合法律规定的。

法条

《中华人民共和国民法典》

第五百零二条第一款　依法成立的合同，自成立时生效，但是法律另有规定或者当事人另有约定的除外。

第五百零九条第一款　当事人应当按照约定全面履行自己的义务。

7. 开发商能否将公共区域部分卖给个人？

案 情

周某和女朋友是大学相识的恋人，两人经过 6 年的爱情长跑，准备进入婚姻殿堂。由于周某的家在外地就一直没有买房，现在要结婚了，他打算买一套新房作为婚房。经过挑选，周某选择了离地铁口不远的一套房子，该房位于顶层，旁边的公共区域有一个小天台，周某特别喜欢。很快周某就和开发商签订了合同并对公摊面积进行了认购。房子装修期间，周某的女朋友来看房子，得知旁边有一个小天台就提出去看看，谁料被一个铁栅栏门拦住了去路。经查得知，开发商将此天台卖给了位于同楼层的牛某。周某很是气愤，小天台属于公共区域，开发商怎么能随意卖给别人呢？

解 析

开发商的行为不符合法律规定。根据我国《民法典》第二百七十一条的规定，业主对建筑物内的住宅、经营性用房等专有部分享有所有权，对专有部分以外的共有部分享有共有和共同管理的权利。天台就是专有部分以外的共有部分，属整栋楼的全体所有人共有，不属于某个业主所有，更不属于开发商，开发商私自将天台重复卖给他人，构成了对其他业主天台使用权的侵害。本案例中，开发商在出卖房屋时已经将包括天台在内的公用面积出售，此时全体业主才是该天台的所有权人，而开发商已不具备对其进行处分的资格，其私自将天台卖给牛某，构成了对包括周某在内的其他业主的天台使用权的侵害。因此，开发商将天台出售给牛某的行为是不具有法律效力的。

法　条

《中华人民共和国民法典》

第二百三十七条　造成不动产或者动产毁损的，权利人可以依法请求修理、重作、更换或者恢复原状。

第二百七十一条　业主对建筑物内的住宅、经营性用房等专有部分享有所有权，对专有部分以外的共有部分享有共有和共同管理的权利。

第二百七十二条　业主对其建筑物专有部分享有占有、使用、收益和处分的权利。业主行使权利不得危及建筑物的安全，不得损害其他业主的合法权益。

8. 被抵押的房屋可以出售吗？

案　情

彭某大学毕业后一直在一家广告公司工作，经过几年的摸爬滚打，彭某对广告工作有了一定的经验，决定成立工作室自己当老板。但彭某成立工作室手头的资金不够，他就向同学周某借了一笔钱，双方签订了借款合同，并将自己的房子作抵押，办理了抵押登记。创业说起来容易干起来难，由于彭某决策失误，工作室自开业以来不但没有盈利反而不断亏损。一年后，彭某的工作室实在经营不下去了，他决定把抵押给周某的房子卖了清偿生意欠款。周某得知后，提出彭某必须经过自己的同意才可以出卖此房，并且自己对出售所得的价款有优先受偿权。请问周某的说法正确吗？

解　析

周某的说法是正确的。根据《民法典》第四百零六条的规定，若非当事人之间另有约定，抵押期间，抵押人有权转让抵押财产。但是，抵押人转让抵押财产的，应当及时通知抵押权人。一旦抵押权人能证明转让抵押财产的行为可能损害抵押权的，其可以请求抵押人将转让所得的价款向自己提前清偿债务或者提存。转让的价款超过债权数额的部分归抵押人所有，不足部分由债务人清偿。由此可知，抵押房产可以出售但必须及时通知抵押权人，并且其转让所得价款必须优先清偿该房屋所担保的债权。因此，为了保障周某的合法权益，彭某必须将转让抵押房产的事情通知周某。如果周某觉得转让行为会危及自己的抵押权，其可以要求彭某提前清偿债务或办理提存。这是我国法律规定的抵押权人周某享有的就抵押物出售所得价款的优先受偿权，清偿债权后如有剩余则归彭某所有；如所得价款不足以清偿债务，不足部分由彭某清偿。

法　条

《中华人民共和国民法典》

第四百零六条　抵押期间，抵押人可以转让抵押财产。当事人另有约定的，按照其约定。抵押财产转让的，抵押权不受影响。

抵押人转让抵押财产的，应当及时通知抵押权人。抵押权人能够证明抵押财产转让可能损害抵押权的，可以请求抵押人将转让所得的价款向抵押权人提前清偿债务或者提存。转让的价款超过债权数额的部分归抵押人所有，不足部分由债务人清偿。

9. 房屋可以二次抵押吗？

案　情

金某在一家外企上班，薪资待遇都不错，还在公司附近买了一套房打算结婚用。但是天有不测风云，金某的父亲生病住院，医院建议尽快做肾脏移植手术。做移植手术需要大量的资金，金某为了买房手中积蓄所剩无几。正在金某一筹莫展之时，他想到自己可以把房子抵押出去，于是金某把自己的婚房抵押给朋友刘某，向刘某借款20万元。父亲的手术十分成功，不过20万元也花得差不多了，后续治疗还需要钱。金某又向同事张某借款10万元，张某提出金某需要把房子抵押给自己。金某心中疑惑，自己已经把房子抵押给刘某一次了，他还可以把房子二次抵押给张某吗？法律在这方面有什么限制？

解　析

房屋二次抵押是指将已经办理抵押的房产再次抵押给他人。本案例中金某是否可以在该处房产上进行二次抵押，需要根据具体情况来解析。根据我国《城市房地产抵押管理办法》第九条第一款的规定，一个房子可以两次抵押。但是同一房地产设定两个以上抵押权的，抵押人应当将已经设定过的抵押情况告知抵押权人。本案例中，金某需要把自己房屋已经设定过抵押的情况告知张某。另外根据我国《城市房地产抵押管理办法》

第九条第二款和第三款的规定可知，抵押人所担保的债权不得超出其抵押物的价值。房地产抵押后，该抵押房地产的价值大于所担保债权的余额部分，可以再次抵押，但不得超出余额部分。由此可知，金某的该处房产能否进行二次抵押取决于房屋的价值。金某可以对这处房产进行价值鉴定评估。比如金某的该处房产经过评估价值为25万元，则金某可以二次抵押，将该房子再次抵押给张某，但是其抵押担保的金额不能超过房子价值25万元减去20万元的数额即5万元。如果该处房产的价值未达到20万元，那么金某的此处房子便不能作二次抵押担保。

法 条

《城市房地产抵押管理办法》

第九条 同一房地产设定两个以上抵押权的，抵押人应当将已经设定过的抵押情况告知抵押权人。

抵押人所担保的债权不得超出其抵押物的价值。

房地产抵押后，该抵押房地产的价值大于所担保债权的余额部分，可以再次抵押，但不得超出余额部分。

10. 抵押权人如何做才可以使抵押的房屋在抵押期间不被出租？

案 情

刘某出生在一个海边小城，家里又是做海鲜生意的，所以他大学学的是经济管理，毕业后在父亲的帮助下经营了一家海鲜贸易公司。公司被刘某打理得井井有条，效益也是越来越好。

一天，程某找到刘某提出借款80万元，原因是自己的公司由于经营不善，现在资金出现短缺。刘某同意借钱给程某，但是条件是程某需要将其名下的一处房产作抵押，程某答应了刘某的条件，两人约定10天后签借款合同，办理房屋抵押登记。程某离开后，刘某考虑再三觉得被抵押的房子如果被程某租出去会有不必要的麻烦，他希望房子在抵押期间不被出租。请问刘某如何做才可以使抵押的房屋在抵押期间不被出租？

解 析

抵押权是一种担保物权，抵押的财产只是对债务的担保，所以抵押权人对于抵押的财产没有所有权，不可以处分。本案例中，程某虽然将房屋用于抵押，但是仍享有占有和使用的权利，刘某作为抵押权人，并没有实际取得该房屋的所有权。程某甚至可以在不妨碍抵押权实现的前提下，将房屋出租。所以当程某以自有房产作抵押向刘某借款时，双方应当签订书面的抵押合同，抵押合同可以就双方的权利和义务作具体约定。如果刘某提出不同意出租的要求，而程某自愿接受这一要求的，可以将该限制性约定体现在房屋抵押合同中。如果合同生效，双方应当遵守合同约定的该项义务。根据《城市房地产抵押管理办法》第二十九条的规定，抵押权人要求抵押房地产保险的，以及要求在房地产抵押后限制抵押人出租、转让抵押房地产或者改变抵押房地产用途的，抵押当事人应当在抵押合同中载明。所以刘某想要抵押的房屋在抵押期间不被出租，应当在抵押合同中作出明确约定。

法 条

《城市房地产抵押管理办法》

第二十九条 抵押权人要求抵押房地产保险的，以及要求在房地产抵押后限制抵押人出租、转让抵押房地产或者改变抵押房地产用途的，抵押当事人应当在抵押合同中载明。

11. 房屋承租人对于被处分抵押房产有优先购买权吗?

案 情

靳某大学毕业后就留在了读书的城市工作，因为家在外地，他又是孤身一人，一直租房居住。后来靳某经人介绍认识了梅梅，两个人经过一段时间的接触，觉得彼此就是自己理想中的另一半，就登记结婚了。婚后，靳某和妻子继续居住在他原来租的房子里。但是好景不长，房东通知靳某自己的房子早先就抵押出去了，现在为了还债他已经把房子以20万元卖给了马某，希望靳某尽快腾退房子。靳某从参加工作就在这里居住，又是在这栋房子里结的婚，对该房十分有感情，他和妻子商量以20万元买下这里。但是靳某有些疑惑，该房子是被抵押的房产，自己有权要求优先购买此房吗?

解 析

本案例中靳某作为承租人在同等条件下依法享有对该承租房屋的优先购买权。根据我国《民法典》的规定可知，在出租人出卖租赁房屋时，承租人享有同等条件优先购买的权利，除非房屋按份共有人行使优先购买权或者出租人将房屋出卖给近亲属。所谓承租人的优先购买权，是指作为承租人的公民或法人，在出租人出卖租赁房屋的情形下，有权在同等条件下优于第三人行使购买的权利，除非房屋按份共有人行使优先购买权或者出租人将房屋出卖给近亲属。根据《城市房地产抵押管理办法》第四十二条的规定，抵押权人处分抵押房地产时，应当事先书面通知抵押人；抵押房地产为共有或者出租的，还应当同时书面通知共有人或承租人；在同等条件下，共有人或承租人依法享有优先购买权。也就是说，承租人有获得事先通知和同等条件下优先购买的权利。因此，本案例中靳某有权在同等条件下优先购买自己所租赁的房屋。但是房东在未通知靳某的情况下将房屋卖给了马某，马某作为不知情的第三人已合法购得该房屋，即使靳某在同等条件下有优先购买权，该优先权也已经无法行使。不过靳某可就房东未尽通知义务进行追责。

法条

《中华人民共和国民法典》

第七百二十六条　出租人出卖租赁房屋的，应当在出卖之前的合理期限内通知承租人，承租人享有以同等条件优先购买的权利；但是，房屋按份共有人行使优先购买权或者出租人将房屋出卖给近亲属的除外。

出租人履行通知义务后，承租人在十五日内未明确表示购买的，视为承租人放弃优先购买权。

《城市房地产抵押管理办法》

第四十二条　抵押权人处分抵押房地产时，应当事先书面通知抵押人；抵押房地产为共有或者出租的，还应当同时书面通知共有人或承租人；在同等条件下，共有人或承租人依法享有优先购买权。

12. 出租人在租期届满时，对承租人继续租住未提出异议，原租赁合同还有效吗？

案　情

马某和丈夫是大学时期的恋人，两人大学一毕业就登记结婚了。婚后没多久，马某就怀孕了，由于身体不好，她辞职回家专心养胎。后来丈夫的事业蒸蒸日上，马某就没有出去工作而是在家当起了全职太太。后来两人因感情破裂协议离婚，离婚后马某就租了林某的房屋居住，租房合同中约定租期为两年。两年后租期届满，林某没有上门收房子，马某就继续居住，还是按原先约定每月往林某的账户上打房租。8个月后，林某突然通知马某房屋租赁到期，希望马某尽快腾出房子。马某想知道租期届满时，如果出租人不反对承租人继续租住，原承租合同还有效力吗？

解　析

双方原来签订的租赁合同继续有效。根据我国《民法典》第七百三十四条的规定，租赁期间届满，如果承租人继续使用租赁物，而出租人也没有提出异议，原租赁合同继续有效，只不过租赁期限改为不定期，双方可以随时提出解除合同。出租人要解除合同的，需要在合理期限之前通知承租人。本案例中马某和林某的租赁合同虽然在8个月前已经届满，但是林某在租赁期间届满时就是否让马某继续承租没有作任何表示，对于马某继续承租该房屋也没有提出异议，所以应依法认定为原租赁合同继续有效，只不过双方的租赁期限改为不定期。如果林某要解除合同，根据该法第七百三十四条的规定可知，房屋租赁期间届满后出租人没有提出异议，双方租赁期限改为不定期，终止此不定期状态需要给予合理宽限期。因此本案例中林某可以随时解除租赁合同，但须在合理期限之前通知马某，而不能要其立即搬出。

法 条

《中华人民共和国民法典》

第七百三十条 当事人对租赁期限没有约定或者约定不明确，依据本法第五百一十条的规定仍不能确定的，视为不定期租赁；当事人可以随时解除合同，但是应当在合理期限之前通知对方。

第七百三十四条 租赁期限届满，承租人继续使用租赁物，出租人没有提出异议的，原租赁合同继续有效，但是租赁期限为不定期。

租赁期限届满，房屋承租人享有以同等条件优先承租的权利。

13. 租房时，哪些内容应该写进租赁合同中？

案 情

魏某结婚后一直和父母居住，现在女儿到了上学的年纪，他就买了学区房搬了出去。后来魏某和妻子觉得两人平时工作忙没有时间照顾孩子，就让父母搬来共同居住。老两口为了照顾孙女搬了过去，原先的房子就闲置了。魏某和父母商量后决定把房子租出去，出租的广告贴出去没几天，就有好几个人联系魏某，最后魏某经过筛选决定把房子租给单身的方某。魏某带着方某看了两次房子，方某表示十分满意，提出让魏某先拟定房屋租赁合同，3 天后他过来签合同。这一下可把魏某难住了，他没有拟订过租房合同，他想知道该合同中应该包括哪些内容？

解　析

根据我国《商品房屋租赁管理办法》第七条的规定，房屋租赁当事人应当依法订立租赁合同。房屋租赁合同的内容由当事人双方约定，一般应当包括房屋租赁当事人的姓名（名称）和住所、室内设施状况、租金和押金数额及支付方式、租赁用途和房屋使用要求、房屋和室内设施的安全性能、租赁期限、房屋维修责任、相关费用的缴纳、争议解决办法和违约责任等，还有当事人双方需要明确的其他约定。该规定之所以对房屋租赁合同的内容规定如此详细是因为租赁合同与承租人和出租人的权利义务息息相关，为了避免以后双方发生纠纷无法认定违约责任，在制定租赁合同时当事人双方应该对上述条款进行明确的约定。另外，由于房屋可能会涉及拆迁问题，所以房屋租赁当事人应当在房屋租赁合同中约定房屋被征收或者拆迁时的处理办法。因此，在本案例中，魏某在与方某签订房屋租赁合同时，应该针对上述这些内容在房屋租赁合同之中进行约定。

法　条

《商品房屋租赁管理办法》

第七条　房屋租赁当事人应当依法订立租赁合同。房屋租赁合同的内容由当事人双方约定，一般应当包括以下内容：

（一）房屋租赁当事人的姓名（名称）和住所；

（二）房屋的坐落、面积、结构、附属设施，家具和家电等室内设施状况；

（三）租金和押金数额、支付方式；

（四）租赁用途和房屋使用要求；

（五）房屋和室内设施的安全性能；

（六）租赁期限；

（七）房屋维修责任；

（八）物业服务、水、电、燃气等相关费用的缴纳；

（九）争议解决办法和违约责任；

（十）其他约定。

房屋租赁当事人应当在房屋租赁合同中约定房屋被征收或者拆迁时的处理办法。

建设（房地产）管理部门可以会同工商行政管理部门①制定房屋租赁合同示范文本，供当事人选用。

14. 已经设立居住权的房屋，还可以出租吗？

案　情

姜某在海南买了一套两居室房屋，每年冬天的时候能去住上一两周。除此之外，该房屋在其他时间一直处于闲置状态。一天，姜某得知自己曾经的老邻居刘某患有疾病，需要到温暖

① 现为市场监督管理部门。

的地方去休养，于是主动提出让刘某住进自己在海南的房子，还与刘某签订了居住权合同。后来，姜某的妻子提出，为了增加收入，要把在海南的房屋腾出一室出租，另一室还继续由刘某居住。姜某夫妻与刘某商议此事，刘某同意。那么，在已经设立居住权的情况下，该房屋还可以出租吗？

解　析

根据我国《民法典》第三百六十九条的规定，……设立居住权的住宅不得出租，但是当事人另有约定的除外。由此可知，国家为了保护居住权人的合法权益，对已经设立居住权的房屋是否还可以出租作了明确规定。原则上，如果房屋上设立了居住权，房屋的所有权人就不能再将该房屋进行出租，但是，按照“意思自治原则”，如果居住权人和房屋所有人另外有约定或者作出补充约定的，那也是可以出租的。在本案例中，姜某在其房屋上为刘某设立了居住权，在他准备将该房屋中的另一间进行出租前，取得了刘某的同意，可视为“当事人之间另有约定”，因此，姜某可以将其房屋出租。

法　条

《中华人民共和国民法典》

第三百六十九条　居住权不得转让、继承。设立居住权的住宅不得出租，但是当事人另有约定的除外。

第八章

婚姻家庭

婚姻看似是男女两个人之间的事，但实际上涉及的内容远非如此。两个人婚姻关系的确立，不知不觉中会涉及很多法律问题，比如彩礼和嫁妆的争议问题；婚前购置房屋的归属问题；夫妻共同财产问题；因离婚产生的财产分割以及子女抚养问题；等等。生活中因婚姻问题提起的诉讼不在少数，大多涉及的是离婚时的财产分割纠纷与子女抚养纠纷。为了减少这类纠纷的发生或者在纠纷产生时对这些纠纷进行解决，我国婚姻家庭法律法规应运而生。

1. 什么是“离婚冷静期”？协议和诉讼离婚都需要经过冷静期吗？

案　情

晴晴和小雨是大学同学，两人从大学期间开始恋爱，已经有五六年的时间，感情一直非常好。2019 年 9 月，二人决定结束爱情长跑，他们在双方亲友的祝福下举行了隆重的婚礼。但是，婚后的生活远不如恋爱时期简单快乐，晴晴和小雨经常被家庭琐事困扰，两人的感情也受到了巨大的考验。2021 年 3 月，小雨连续加班成为了引发夫妻矛盾的导火索，晴晴与他大吵一架之后便离家出走，并提出离婚。小雨也感到很气愤，一怒之下答应到民政局去办理离婚手续。二人来到民政局后，被告知现在不能马上领到离婚证，需要经过一个“冷静期”才能办理离婚手续。那么，什么是“离婚冷静期”？协议和诉讼离婚都需要经过冷静期吗？

解　析

当前，我国“闪结”“闪离”的现象普遍存在，而这种“闪离”很多是由于夫妻双方一时冲动造成的。为了防止一时草率而作出离婚的决定，我国《民法典》第一千零七十七条增加了关于“离婚冷静期”的规定，婚姻登记机关收到离婚登记申请，不能立即为夫妻双方办理离婚手续，如果在 30 日内，任何一方不愿意离婚，可以撤回离婚登记申请；如果 30 日后，夫妻双方亲自到婚姻登记机关申请发给离婚证，婚姻关系才得以解除。这30天，就是我们俗称的“离婚冷静期”。在本案例中，晴晴和小雨如果想到婚姻登记处办理离婚手续，首先要经过30天的“离婚冷静期”，在提交离婚申请30天后，如果双方仍坚持离婚，应当再次到婚姻登记机关申请发放离婚证。

需要注意的是，只有夫妻二人协议离婚，自愿到民政局办理离婚手续的情形存在法定“离婚冷静期”的问题，如果是通过起诉的方式离婚，则不需要经过30天的“离婚冷静期”，按照诉讼程序进行即可。

法 条

《中华人民共和国民法典》

第一千零七十七条 自婚姻登记机关收到离婚登记申请之日起三十日内，任何一方不愿意离婚的，可以向婚姻登记机关撤回离婚登记申请。

前款规定期限届满后三十日内，双方应当亲自到婚姻登记机关申请发给离婚证；未申请的，视为撤回离婚登记申请。

2. 夫妻假离婚期间，一方购买的房产属于夫妻共同财产吗?

案 情

陈某经营一家理发店，店里生意很好，陈某还与店里的常客董某恋爱并结婚。2020年3月，陈某因被朋友欺骗，欠了很多外债。为了逃避债务，陈某与妻子董某商量假离婚，将财产全部转移给了董某。2021年9月，债务的事情过后，陈某与妻子董某复婚。但是，陈某发现在这段时间，董某竟然用自己转移给她的财产，为她的父母置办了一处房产。陈某对董某说，这处房产应该属于他们夫妻共同财产，因此要求董某将这套房产登记在他们夫妻名下，但是董某拒绝了陈某的要求。请问，夫妻假离婚期间，一方购买的房产属于夫妻共同财产吗?

解　析

毋庸置疑，该房产应当属于房产证上登记的一方所有，并非夫妻共同财产，董某有权拒绝陈某的要求。我国《民法典》规定，男女双方自愿离婚的，准予离婚。所以不管是真离婚还是假离婚，或者是为了某种目的离婚，他人都无权干涉。办理离婚手续的夫妻不管出于何种目的，他们的离婚行为都是有效的，离婚后对财产的分割协议也是有效的，法律对此没有禁止性规定。根据我国《民法典》第一千零六十三条第一项的规定，一方的婚前财产为一方的个人财产。同时依据《最高人民法院关于适用〈中华人民共和国民法典〉婚姻家庭编的解释(一)》第七十八条的规定，夫妻一方婚前签订不动产买卖合同，以个人财产支付首付款并在银行贷款，婚后用夫妻共同财产还贷，不动产登记于首付款支付方名下的，离婚时该不动产由双方协议处理。不能达成协议的，人民法院可以判决该不动产归产权登记一方，尚未归还的贷款为产权登记一方的个人债务。双方婚后共同还贷支付的款项及其相对应财产增值部分，按照规定由产权登记一方对另一方进行补偿。在本案例中，陈某出于逃避债务的目的与董某离婚，并将财产转移给董某，这一行为从法律意义上讲是有效的，视为陈某在离婚后自愿将财产全部给了董某。因此，董某在假离婚期间购置的房产属于董某的婚前财产，依法应为董某一方的个人财产，陈某对这处房产没有所有权。

法 条

《中华人民共和国民法典》

第一千零六十三条 下列财产为夫妻一方的个人财产：

（一）一方的婚前财产；

（二）一方因受到人身损害获得的赔偿或者补偿；

（三）遗嘱或者赠与合同中确定只归一方的财产；

（四）一方专用的生活用品；

（五）其他应当归一方的财产。

第一千零八十七条 离婚时，夫妻的共同财产由双方协议处理；协议不成的，由人民法院根据财产的具体情况，按照照顾子女、女方和无过错方权益的原则判决。

对夫或者妻在家庭土地承包经营中享有的权益等，应当依法予以保护。

《最高人民法院关于适用〈中华人民共和国民法典〉婚姻家庭编的解释（一）》

第七十八条 夫妻一方婚前签订不动产买卖合同，以个人财产支付首付款并在银行贷款，婚后用夫妻共同财产还贷，不动产登记于首付款支付方名下的，离婚时该不动产由双方协议处理。

依前款规定不能达成协议的，人民法院可以判决该不动产归登记一方，尚未归还的贷款为不动产登记一方的个人债务。双方婚后共同还贷支付的款项及其相对应财产增值部分，离婚时应根据民法典第一千零八十七条第一款规定的原则，由不动产登记一方对另一方进行补偿。

3. 婚前个人财产在婚后产生的收益属于夫妻共同财产吗?

案　情

冯某是个画家，2020 年 2 月他创作了作品“希望”，并将这幅作品交给了某画品展览馆，让展览馆帮忙出售，但是很长时间都没有收到消息。2020 年 5 月，冯某与妻子韩某结婚，生活了一年后，由于两人都无法忍受对方的脾气，所以一直吵着要离婚。2021 年 6 月，画品展览馆通知冯某，他的作品被李某看中并以 10 万元的价钱购买下来。韩某知道这件事情后，就主张将这 10 万元作为夫妻共同财产进行分割。冯某不同意，称这是他自己婚前的个人财产，不应该作为夫妻共同财产来分割。请问，婚前个人财产在婚后产生的收益属于夫妻共同财产吗?

解　析

我国《民法典》第一千零六十三条第一项规定，一方的婚前财产，为夫妻一方的财产。此外，《最高人民法院关于适用〈中华人民共和国民法典〉婚姻家庭编的解释（一）》第二十六条规定，夫妻一方个人财产在婚后产生的收益，除孳息和自然增值外，应认定为夫妻共同财产。由此可知，一方的婚前财产属于一方所有的财产，该财产在婚后产生的收益是否属于夫妻共同财产，要视收益的实际情况而定。如果收益来自财产的自然增值或者属于财产产生的孳息，那么该收益应认定为一方所有的财产，除此之外，其余情形下，该收益属于夫妻共同财产。

具体到本案例，冯某创作的画作是其个人创作，并于婚前交由画品展览馆出售，属于其婚前财产，依法应认定为冯某一方的财产，且该财产在婚后产生的收益属于画作本身的自然增值，并非冯某婚后经营所产生，因此，这10万元的收益应属于冯某的个人财产，韩某无权分割。

法　条

《中华人民共和国民法典》

第一千零六十三条　下列财产为夫妻一方的个人财产：

（一）一方的婚前财产；

……

《最高人民法院关于适用〈中华人民共和国民法典〉婚姻家庭编的解释（一）》

第二十六条　夫妻一方个人财产在婚后产生的收益，除孳息和自然增值外，应认定为夫妻共同财产。

4. 夫妻一方可以以分居两年为由提出离婚吗？

案　情

钱某与肖某是大学同学，他们在读大二的时候确定了恋爱关系。2019年6月钱某与肖某毕业之后，在双方家长都同意的情况下，于老家河北邢台登记结婚。肖某在毕业之前通过校园招聘被南方某外企录用，签订劳动合同时约定肖某要到公司所在地工作满5年。钱某考上了省公务员，要留在河北工作。所以两人刚结婚就面临着分离。2021年，钱某难以忍受夫妻分离的痛苦，但是让肖某回来的话又会支付高额的赔偿金。无奈之下，钱某提出离婚，理由就是两人分居已满两年。请问，夫妻一方可以以分居两年为由提出离婚吗？

解　析

根据我国《民法典》第一千零七十九条第三款的规定，夫妻以因感情不和分居满两年为由提出离婚的，人民法院应当进行调解，如感情确已破裂，调解无效，应准予离婚。从条文的规定可以看出，夫妻离婚的正当理由是双方感情不和，导致两人分居满两年。也就是说，导致分居的原因应该是感情不和，而并非因工作或学习等导致异地居住的情况。案例中钱某与肖某提出离婚就是因为肖某长年在外地工作，不能时常与钱某相聚，两人的感情并没有破裂，因此钱某不能将分居满两年作为离婚的绝对条件。对于钱某夫妻的这种情况，人民法院可以判决不准离婚。

法　条

《中华人民共和国民法典》

第一千零七十九条第三款　有下列情形之一，调解无效的，应当准予离婚：

……

（四）因感情不和分居满二年；

……

5. 对遗嘱继承与法定继承的继承顺序，我国法律是如何规定的？

案 情

成某是某医院的医生，医术水平很高，她将一生的心血都放在了治病救人上。退休以后，成某还经常回医院，看望她的患者。2021年，成某病入膏肓，但是她还想着她的病人田某尚没有足够的钱继续接受治疗。于是她在去世前，立下遗嘱，将自己财产的一半赠与她的病人田某，作为他继续接受治疗的费用。成某去世后，她的儿子李某不认可母亲遗嘱中的条款，以自己是法定继承人为由，要求将全部财产交由自己处理。请问，对遗嘱继承与法定继承的顺序，我国法律是如何规定的？

解 析

按照我国《民法典》第一千一百二十三条的规定，遗嘱继承与遗赠扶养协议优于法定继承。即继承开始后，有遗嘱的，先按照遗嘱继承；有遗赠扶养协议的，按照协议办理；都没有的，按照法定继承办理。具体到本案例，成某在遗嘱中表示想要将财产的一半赠与病人田某，希望田某能继续接受治疗。在已经订立遗嘱的情况下，应当按遗嘱的内容将财产进行划分，所以李某不能以法定继承人的身份将成某的全部财产收归己有。

法 条

《中华人民共和国民法典》

第一千一百二十三条 继承开始后，按照法定继承办理；有遗嘱的，按照遗嘱继承或者遗赠办理；有遗赠扶养协议的，按照协议办理。

6. 死者留下的遗书中涉及财产的处分，可以将该遗书看作遗嘱吗？

案 情

颜某与男友宋某恋爱了 5 年，已经到了谈婚论嫁的阶段。但是就在这个时候，宋某突然向颜某提出分手。颜某无法接受这个事实，在挽留无果的情况下，上吊自杀了。在自杀之前，颜某写下遗书，将她自己这些年积攒下来的 10 万元存款全部捐给某慈善组织。颜某的母亲在整理她的遗物时，发现了这封遗书，确认遗书确实是女儿的笔迹。请问，这份遗书可以视为遗嘱吗？

解 析

这份遗书可以视为遗嘱。根据《最高人民法院关于适用〈中华人民共和国民法典〉继承编的解释（一）》第二十七条的规定，自然人在遗书中涉及死后财产处分的内容，确为死者真实意思的表示，如果有本人的签名和明确的年、月、日，且无相反证据的，可按自书遗嘱对待。根据条文的规定，案例中颜某所留下的遗书可以视为遗嘱，并且具有法律效力，颜某的家人应当按照颜某的遗愿，将她的财产捐给某慈善组织。

法条

《最高人民法院关于适用〈中华人民共和国民法典〉继承编的解释（一）》

第二十七条 自然人在遗书中涉及死后个人财产处分的内容，确为死者的真实意思表示，有本人签名并注明了年、月、日，又无相反证据的，可以按自书遗嘱对待。

7. 向法院申请撤销因胁迫缔结的婚姻关系，法院会支持吗？

案情

常某与吴某是大学同学。大一刚开学时，常某就对吴某一见钟情，之后便展开了追求。半年后，两人开始恋爱。大学美好的时光总是短暂的，很快两人迎来了毕业季。面临毕业的两人各有想法，常某希望吴某能和自己回老家生活，而吴某则希望两人可以留在当地发展。就这样，意见不同的两人产生了分歧，经常争吵不休，而且常某也变得越来越小心眼儿，有时甚至会怀疑吴某和其他男生有不正当的关系。吴某再也受不了了，就向常某提出了分手。常某一听吴某要和自己分手，立马坚称自己不同意分手，并十分生气地说："毕业后就立马结婚，否则我就毁掉你。"此后，常某多次威胁吴某，吴某害怕常某做傻事，被常某胁迫办理了结婚手续。可婚后的生活，令吴某更加痛心，甚至到了快要崩溃的地步。最终，吴某只好向法院申请撤销与常某的婚姻关系。那么，法院会支持吴某的诉讼请求吗？

解　析

所谓可撤销婚姻，是指婚姻成立时违背某些缔结婚姻的要件，依法应当被撤销的婚姻。根据我国《民法典》的规定，受胁迫而结婚是可撤销婚姻的法定情形。当事人如要撤销婚姻，应当自胁迫行为终止之日起一年内向人民法院提出申请；如果当事人被限制人身自由，应当自恢复人身自由之日起一年内向人民法院提出申请。由此可见，对于违背当事人意志自由的强迫结婚行为，我国法律规定当事人可以向有关部门申请撤销，比如被胁迫与他人结婚的，被胁迫人就可以申请法院撤销该婚姻。但是，法律同时也对这一行为规定了一定的时限，超过这一时限行使，受损害当事人将得不到法律的有效救济。被胁迫人申请法院撤销婚姻后，该婚姻关系自始无效，不发生任何法律效力。本案中，吴某是因为受到胁迫而与常某结婚，符合我国《民法典》规定的可撤销婚姻的法定情节，但法院最终是否会支持吴某的诉讼请求，那就取决于吴某提出申请的时间是否在自胁迫行为终止之日起一年之内了，如果吴某超过了法院规定的时限行使撤销请求权，也将得不到法院的支持。

法　条

《中华人民共和国民法典》

第一千零五十二条　因胁迫结婚的，受胁迫的一方可以向人民法院请求撤销婚姻。

请求撤销婚姻的，应当自胁迫行为终止之日起一年内提出。

被非法限制人身自由的当事人请求撤销婚姻的，应当自恢复人身自由之日起一年内提出。

《最高人民法院关于适用〈中华人民共和国民法典〉婚姻家庭编的解释（一）》

第十八条 行为人以给另一方当事人或者其近亲属的生命、身体、健康、名誉、财产等方面造成损害为要挟，迫使另一方当事人违背真实意愿结婚的，可以认定为民法典第一千零五十二条所称的“胁迫”。

因受胁迫而请求撤销婚姻的，只能是受胁迫一方的婚姻关系当事人本人。

8. 男女未婚同居产生矛盾到法院进行起诉，法院会受理吗？

案 情

冯某在参加朋友的婚礼时认识了张某，两人互留了电话。第二天，冯某就打电话给张某，两人见面后，聊了很多。冯某觉得张某非常符合自己对女友的标准，便开始追求张某，张某对冯某的印象也很不错，便与冯某谈起了恋爱，没过多久两人就搬到一起居住。张某以为冯某很快会向自己求婚，但直到两人同居将近两年，冯某都没有提过关于结婚的事情，而且每当张某有意无意提起时，冯某就会选择逃避。慢慢地，张某才明白冯某从一开始就没想过和自己结婚，于是经过考虑之后，张某提出了分手。虽然两人都同意分手，但却在分割财产时产生了矛盾，最终闹上法院。那么，法院会受理吗？

解 析

同居不等于结婚，其不能受到我国《民法典》有关合法有效婚姻方面的保护，不适用《民法典》婚姻家庭编的规定，但是双方当事人的合法权益，包括同居期间发生的财产或子女抚养权益并不会因此受到影响，其仍会受到相关法律的保护。对此，《最高人民法院关于适用〈中华人民共和国民法典〉婚姻家庭编的解释（一）》第三条第二款作出了明确的规定，即当事人因同居期间产生财产分割或者子女抚养纠纷提起诉讼的，人民法院应当受理。当然，国家这样规定并不是从法律上肯定非婚同居的正当性，而是为了维护当事人的人身及财产权益。也就是说，未婚同居没有办理婚姻登记的，后来发生纠纷时也可以运用法律手段维护自身的合法权益，但是未婚同居的关系是无法得到《民法典》婚姻家庭编及其相关法律保护的，法院只对未婚同居期间发生的财产或子女抚养纠纷进行审判。本案中，张某与冯某的纠纷是关于财产分割的问题，因此法院会受理。

法 条

《最高人民法院关于适用〈中华人民共和国民法典〉婚姻家庭编的解释（一）》

第二条 民法典第一千零四十二条、第一千零七十九条、第一千零九十一条规定的“与他人同居”的情形，是指有配偶者与婚外异性，不以夫妻名义，持续、稳定地共同居住。

第三条 当事人提起诉讼仅请求解除同居关系的，人民法院不予受理；已经受理的，裁定驳回起诉。

当事人因同居期间财产分割或者子女抚养纠纷提起诉讼的，人民法院应当受理。

9. 结婚后，丈夫有权要求妻子在家相夫教子吗？

案 情

魏某与李某既是同学也是恋人，两人毕业后便一起留在北京发展。半年后，魏某向李某提出了结婚的想法，李某也觉得两人都到了结婚的年龄，便表示同意，二人很快就结婚了。魏某有些封建，他认为结了婚的女人就不能再出去工作，而是应该在家相夫教子。于是，当李某休完婚假准备继续工作的时候，魏某提出了反对，他要求李某辞去工作，全身心地照顾家庭。李某非常不理解魏某的想法，觉得魏某的做法已经限制了自己的人身自由，简直就是在无理取闹，并坚决表示不会辞职。二人因此大吵一架，李某还准备搬进公司的员工宿舍。请问，结婚后，丈夫有权要求妻子在家相夫教子吗？

解 析

本案例中，魏某无权要求妻子在家相夫教子，除非妻子自愿。劳动权是《宪法》赋予每个中国公民的一项权利，任何人都不能干涉，即使是互有夫妻间权利义务关系的夫妻双方，也不能对对方参加劳动进行干涉。而且，《民法典》第一千零五十七条还专门规定，夫妻双方都有参加生产、工作、学习和社会活动的自由，一方不得对另一方加以限制或干涉。可见，平等是宪法的基本原则之一，也是《民法典》婚姻家庭编的基本原则。夫妻双方在婚姻关系中应当地位平等、互相尊重。任何一方不得对另一方的合法行为进行限制或者干涉，这不但有损夫妻感情，也为法律所禁止。当然，如果一方自愿，辞职照顾家庭生活，这就另当别论了。本案例中，李某选择了外出工作，但这并不意味着其不能兼顾家庭，至于李某是否辞职，即使是作为丈夫的魏某也应当尊重李某的选择。

法　条

《中华人民共和国宪法》

第四十二条第一款　中华人民共和国公民有劳动的权利和义务。

第四十八条第一款　中华人民共和国妇女在政治的、经济的、文化的、社会的和家庭的生活等各方面享有同男子平等的权利。

《中华人民共和国民法典》

第一千零五十七条　夫妻双方都有参加生产、工作、学习和社会活动的自由，一方不得对另一方加以限制或者干涉。

10. 夫妻双方因一方出轨而导致婚姻终结，另一方可以主张损害赔偿吗？

案　情

2018 年，夏某与相恋一年的男友严某登记结婚。婚后，为了让严某安心在外创业，夏某便辞去工作，一心照顾家庭。然而，本该幸福美满的生活，最终却因丈夫的背叛而陷入绝望。

起因是夏某偶然间在严某手机上看到了一条陌生的短信，短信内容极其暧昧。夏某怀着好奇心，又忍不住翻看了其他短信，这才知道严某已经出轨。对此，夏某既悲伤又愤怒，她接受不了丈夫对自己的背叛，于是向法院提出了离婚诉讼，并要求严某给予离婚损害赔偿。那么，夏某可以主张损害赔偿吗？

解　析

离婚损害赔偿在离婚诉讼中并不一定能够得到法院的支持，其有着严格的适用条件。按照我国《民法典》的规定，对于有配偶者与他人同居的情形，受害方可以请求离婚损害赔偿，这样规定不仅有利于对婚姻受害一方的保护，也有利于扶正社会风气。对此，我国《民法典》第一千零九十一条有明确的规定，即有配偶者与他人同居而导致离婚的，无过错方有权请求损害赔偿。此外，《最高人民法院关于适用〈中华人民共和国民法典〉婚姻家庭编的解释（一）》第八十九条也明确规定，当事人在婚姻登记机关办理离婚登记手续后，以民法典第一千零九十一条规定为由向人民法院提出损害赔偿请求的，人民法院应当受理。但当事人在协议离婚时已经明确表示放弃该项请求的，人民法院不予支持。由此可见，只有具备《民法典》第一千零九十一条规定的几种情形，无过错方在提出离婚时才可以向法院主张损害赔偿，而且，该请求权还有法定的提出时限，当事人在办理离婚登记手续一年后提出的，法院就不再支持。本案中，严某在与夏某婚姻关系存续期间出轨，属于有过错方，夏某向严某提出损害赔偿是合理合法的。但需要注意的是，夏某必须在办理离婚登记手续一年内提出，否则，法院对该请求不再予以支持。

法　条

《中华人民共和国民法典》

第一千零九十一条　有下列情形之一，导致离婚的，无过错方有权请求损害赔偿：

（一）重婚；

（二）与他人同居；

（三）实施家庭暴力；

（四）虐待、遗弃家庭成员；

（五）有其他重大过错。

《最高人民法院关于适用〈中华人民共和国民法典〉婚姻家庭编的解释（一）》

第八十九条　当事人在婚姻登记机关办理离婚登记手续后，以民法典第一千零九十一条规定为由向人民法院提出损害赔偿请求的，人民法院应当受理。但当事人在协议离婚时已经明确表示放弃该项请求的，人民法院不予支持。

11. 离婚时，妻子一方能否因在家庭方面尽了较多的义务而要求丈夫给予补偿？

案　情

陈某大学毕业后自己成立了一家公司。公司经营几年来，效益一直不错，陈某也挣了不少钱。2019 年 10 月，陈某觉得事业小有成就应该成个家了，于是他与相恋多年的女友田某步入了婚姻的殿堂。婚后，夫妇二人并没有单独搬出来住，而是继续和陈某父母一起居住。为了能让陈某安心在外工作，妻子田某选择辞职，一心在家相夫教子，照顾公婆。一开始，陈某还觉得很幸福，可时间一长就感觉两人之间的共同语言越来越少，看着整天围着柴米油盐转的妻子，他心里早已产生了厌倦之情，最终提出离婚。面对陈某提出的离婚请求，田某表示同意，但其认为自从结婚以来，家里的一切事务都是自己在操劳，单凭这一点，陈某就应该给予自己一大笔补偿。那么，田某能要求陈某给予自己补偿吗？

解　析

我国《民法典》第一千零八十八条明确规定，夫妻一方因抚育子女、照料老年人、协助另一方工作等负担较多义务的，离婚时有权向另一方请求补偿，另一方应当给予补偿。具体办法由双方协议；协议不成的，由人民法院判决。一般而言，为了家庭利益而牺牲较多的一方在经济收入上就会明显降低，在离婚时如果不对这部分家务劳动付出给予补偿，对为家庭牺牲较多的一方是不公平的，因此，法律赋予其在离婚时向另一方提出补偿的权利。案例中，田某在婚姻关系存续期间相夫教子，为了照顾公婆辞掉了自己的工作，为家庭尽了较多义务。基于此，离婚时，田某有权要求陈某给予经济补偿。当然，在离婚时，对于陈某工作的收入，田某仍然可以作为夫妻共同财产要求依法进行分割。

法　条

《中华人民共和国民法典》

第一千零八十八条　夫妻一方因抚育子女、照料老年人、协助另一方工作等负担较多义务的，离婚时有权向另一方请求补偿，另一方应当给予补偿。具体办法由双方协议；协议不成的，由人民法院判决。

12. 离婚后又同居的男女之间能继承遗产吗？

案 情

2018年8月，叶某与妻子孙某结婚，婚后叶某进入一家外贸公司做销售总监。由于工作关系，叶某经常带秘书出差，一来二去便为之心动。后来，孙某发现了叶某出轨一事，遂向叶某提出了离婚，叶某也没有反对。但离婚之后，两人依旧保持着联系，后来叶某发现自己爱的依然是孙某，于是向孙某忏悔并提出了复合的请求。孙某心想虽然叶某曾经背叛过自己，但两人还有孩子，而且也没有到感情彻底破裂的阶段，当时自己也只是一时生气才选择了离婚，现在既然他知道悔改并想要复合，那就同意吧。就这样，孙某于2021年年初又搬回家跟叶某共同生活了，但是因种种原因一直未办理复婚登记。那么，对于叶某与孙某这种情况，如果其中一人突然去世，另一人有权继承对方的遗产吗？

解 析

同居的两人之间是否有继承权，关键在于两人之间是否存在合法有效的婚姻关系。《最高人民法院关于适用〈中华人民共和国民法典〉婚姻家庭编的解释（一）》第七条规定，未依据民法典第一千零四十九条规定办理结婚登记而以夫妻名义共同生活的男女，提起诉讼要求离婚的，应当区别对待：（一）1994年2月1日民政部《婚姻登记管理条例》公布实施以前，男女双方已经符合结婚实质要件的，按事实婚姻处理。（二）1994年2月1日民政部《婚姻登记管理条例》公布实施以后，男女双方符合结婚实质要件的，人民法院应当告知其补办结婚登记。未补办结婚登记的，依据本解释第三条规定处理。同时，该解释第八条规定，未依据民法典第一千零四十九条规定办理结婚登记而以夫妻名义共同生活的男女，一方死亡，另一方以配偶身份主张享有继承权的，依据本解释第七条的原则处理。据此可知，本案例中的叶某与孙某是在2021年同居的，显然是在《婚姻登记管理条例》公布实施以后，而且由于双方离婚后未补办结婚登记，不能认定存在合法的婚姻关系，而应认定为同居，按照同居关系处理，即叶某与孙某之间不具有互相继承遗产的权利，但是同居期间双方获得的财产可以向法院起诉要求分割。

法 条

《最高人民法院关于适用〈中华人民共和国民法典〉婚姻家庭编的解释（一）》

第三条 当事人提起诉讼仅请求解除同居关系的，人民法院不予受理；已经受理的，裁定驳回起诉。

当事人因同居期间财产分割或者子女抚养纠纷提起诉讼的，人民法院应当受理。

第七条 未依据民法典第一千零四十九条规定办理结婚登记而以夫妻名义共同生活的男女，提起诉讼要求离婚的，应当区别对待：

（一）1994 年 2 月 1 日民政部《婚姻登记管理条例》公布实施以前，男女双方已经符合结婚实质要件的，按事实婚姻处理。

（二）1994 年 2 月 1 日民政部《婚姻登记管理条例》公布实施以后，男女双方符合结婚实质要件的，人民法院应当告知其补办结婚登记。未补办结婚登记的，依据本解释第三条规定处理。

第八条　未依据民法典第一千零四十九条规定办理结婚登记而以夫妻名义共同生活的男女，一方死亡，另一方以配偶身份主张享有继承权的，依据本解释第七条的原则处理。

13. 有效遗嘱包括临终前立的口头遗嘱吗？

案　情

范某是某房地产公司的老板，前妻在他们的女儿上小学时因病去世。两年后，范某与杜某登记结婚，并生育一子。2020 年 11 月，范某体检时意外查出了癌症，已经到了晚期，病情发展得非常快。2021 年 4 月，范某病情突然加重，医生下达了病危通知书。此时的范某知道自己已经没有多少时间了，于是决定在临终前交代一下后事。范某交代，自己去世后，由儿子接替自己的位置，掌管公司；女儿可以分得公司 5% 的股份以及自己名下的一套房产。那么请问，范某的这份遗嘱有效吗？

解　析

遗嘱是遗嘱人生前对自己财产分配方式的真实意思表示，按照我国《民法典》的规定，遗嘱继承优先于法定继承，因此，在分割遗产时，一份真实有效的遗嘱就显得尤为重要。一般情况下，遗嘱人会在自己意识清楚、行动方便的时候，事先留下遗嘱，但生活中难免会出现一些突发情况，遗嘱人的遗嘱可能就只是几句临终遗言。那么，这样的遗嘱是否具有法律效力呢？这样的遗言能够作为遗产分配依据吗？根据我国《民法典》第一千一百三十八条的规定，遗嘱人在危急情况下，在有两个以上见证人在场的情况下，可以立口头遗嘱。也就是说，法律是承认口头遗嘱的效力的，但是，必须是在遗嘱人临终时作出的，并且有两个以上见证人在场。因此，对于本案例中，范某在临终前的紧急时刻立下的口头遗嘱是否有效，要视情况而定。如果当时范某身边有两个以上见证人的话，遗嘱应该被认定为有效，反之则无效。

法 条

《中华人民共和国民法典》

第一千一百三十八条　遗嘱人在危急情况下，可以立口头遗嘱。口头遗嘱应当有两个以上见证人在场见证。危急情况消除后，遗嘱人能够以书面或者录音录像形式立遗嘱的，所立的口头遗嘱无效。

第一千一百四十条　下列人员不能作为遗嘱见证人：

（一）无民事行为能力人、限制民事行为能力人以及其他不具有见证能力的人；

（二）继承人、受遗赠人；

（三）与继承人、受遗赠人有利害关系的人。

14. 通过录视频订立遗嘱的，应该怎样做遗嘱才有效？

案情

周伯伯和他的妻子都是普通的工薪阶层，由于妻子年轻时身体不太好，两人一直没有生育。上了年纪之后，夫妇二人靠着自己的退休金和多年攒下的积蓄，聘请了一位保姆小王照顾两人的日常生活。小王非常认真负责，将周伯伯夫妇的生活安排得井井有条，像亲生女儿一样给予他们无微不至的关心和照顾，过年过节还会带着自己的家人来跟老两口一起庆祝。2021年3月，周伯伯的妻子因病去世了，周伯伯的身体也每况愈下，2021年4月时，他已经无法动弹。周伯伯想趁自己的意识还清醒，将他们唯一的住房留给小王，于是，他打算录一段视频，留下自己的遗嘱。那么，通过视频订立的遗嘱，怎样才能具有法律效力呢？

解析

随着科技手段的不断创新，人们的生活方式在逐渐发生改变，通过录音录像的方式订立遗嘱也符合时代的要求。我国《民法典》紧跟时代的步伐，在继承编中明确规定可以通过录音录像的方式订立遗嘱，但是需要满足一定的条件才能具有法律效力。《民法典》第一千一百三十七条规定，通过录音录像形式立的遗嘱，需要有两个以上见证人在场，同时，遗嘱人和见证人都要在录音录像中记录姓名或者肖像，以及年、月、日。

在本案例中，如果周伯伯希望通过录像的方式订立遗嘱，将房子留给保姆小王，需要至少找到两个见证人为其见证。同时，在本条录像中，还应当记录周伯伯和见证人的姓名或者肖像及具体日期，这样，这份录像遗嘱才具有法律效力。

法 条

《中华人民共和国民法典》

第一千一百三十七条 以录音录像形式立的遗嘱，应当有两个以上见证人在场见证。遗嘱人和见证人应当在录音录像中记录其姓名或者肖像，以及年、月、日。

第九章

人身与财产保护

在我们的日常生活中，人与人的交往，物与物的交换，矛盾纠纷在所难免，并且，侵权事件也时有发生。我们国家是法治国家，不管是人身权利还是财产权利，当它们受到损害的时候，法律都赋予了我们维权的权利。因此，我们在任何时候都必须懂得自己拥有哪些权利，只有了解这些，才能更好地进行自我保护，保护家人，保护属于我们的财产。

1. 雇佣过程中受伤，受害人能得到哪些赔偿?

案 情

2016 年 10 月 3 日，高某在大街上看到一则张贴的广告："欲招用一人负责打扫住宅的卫生，报酬丰厚，希望有意者与我联系。"高某联系了广告张贴者表示愿意承担该工作。后来，高某在与住户详谈时发现工作内容包括清理玻璃外部。该住户房屋位于 4 楼，所以，高某擦玻璃时特别谨慎，但不料脚一滑摔到了楼下。高某被过路行人紧急送去医院住院并接受治疗。后经鉴定，高某伤势构成五级伤残。高某认为，自己在打扫卫生时很谨慎，但是还是受伤，雇主理应承担包括治疗费在内的各项费用。请问，高某可以获得哪些赔偿?

解 析

高某在雇佣过程中受伤，且高某没有过错，所以雇主应当承担全部的人身损害赔偿责任。近年来，人身损害事件日渐增多，《民法典》第一千一百九十二条第一款规定，个人之间形成劳务关系，提供劳务一方因劳务造成他人损害的，由接受劳务一方承担侵权责任。接受劳务一方承担侵权责任后，可以向有故意或者重大过失的提供劳务一方追偿。提供劳务一方因劳务受到损害的，根据双方各自的过错承担相应的责任。本案例中，高某与住户之间成立劳务关系，高某因提供劳务受伤，雇主应当承担损害赔偿责任。《民法典》第一千一百七十九条规定，侵害他人造成人身损害的，应当赔偿医疗费、护理费、交通费、营养费、住院伙食补助费等为治疗和康复支出的合理费用，以及因误工减少的收入。造成残疾的，还应当赔偿辅助器具费和残疾赔偿金；造成死亡的，还应当赔偿丧葬费和死亡赔偿金。由此可知，受害人因提供劳务受伤的，可以主张的赔偿范围包括医疗费、护理费、交通费、营养费、住院伙食补助费等因治疗和康复产生的合理费用和因误工减少的收入。因高某构成五级伤残，所以，雇主还需支付残疾赔偿金、残疾辅助器具费，以及因康复护理、继续治疗而实际发生的必要的康复费、护理费、后续治疗费。

法 条

《中华人民共和国民法典》

第一千一百七十九条 侵害他人造成人身损害的，应当赔偿医疗费、护理费、交通费、营养费、住院伙食补助费等为治疗和康复支出的合理费用，以及因误工减少的收入。造成残疾的，还应当赔偿辅助器具费和残疾赔偿金；造成死亡的，还应当赔偿丧葬费和死亡赔偿金。

第一千一百九十二条第一款 个人之间形成劳务关系，提供劳务一方因劳务造成他人损害的，由接受劳务一方承担侵权责任。接受劳务一方承担侵权责任后，可以向有故意或者重大过失的提供劳务一方追偿。提供劳务一方因劳务受到损害的，根据双方各自的过错承担相应的责任。

2. 孩子在邻居家玩耍时受伤，邻居是否应当承担赔偿责任？

案 情

赵某的孩子乐乐3岁了。平日里，赵某上班，妻子在家照顾乐乐。前几天，赵某妻子的父母想来看外孙，约定由赵某的妻子去接站。当父母到车站以后，赵某妻子便将乐乐委托给邻居照料一段时间。不料，邻居没有照顾孩子的经验，乐乐独自一人在阳台上玩耍时不慎碰倒花盆被砸伤。虽然邻居马上把乐乐送去医院治疗，并且进行了赔礼道歉，但是赵某一家人还是认为受到了很大的伤害。赵某家人认为，邻居不应该让乐乐独自去阳台上玩耍，在阳台上玩耍极易发生危险，邻居应当承担赔偿责任。请问，赵某家人的观点于法有据吗？邻居好意代为照顾孩子，还需承担赔偿责任吗？

解 析

赵某家人的观点于法有据，邻居虽好意代为照料孩子，但是没有尽到应有的注意义务导致损害的发生，需承担赔偿责任。《民法典》第一千一百六十五条第一款规定，行为人因过错侵害他人民事权益造成损害的，应当承担侵权责任。一般类型的民事侵权案件采取过错责任原则，即赔偿义务人因存在故意或者过失导致损害的发生，应当承担损害赔偿责任。是否构成故意或者过失，应依据社会上一般人的观念作出判断，而不能依据赔偿义务人本人的看法作出判定。本案例中的邻居虽然没有照顾孩子的经验，但是依据一般人的观念，3 岁孩子独自去阳台玩耍是极易发生危险的，所以邻居存在过失。因为邻居的疏忽大意导致了损害的发生，其应当承担损害赔偿责任。

法　条

《中华人民共和国民法典》

第一千一百六十五条第一款　行为人因过错侵害他人民事权益造成损害的，应当承担侵权责任。

3. 员工故意造成自身损害的，用人单位需承担责任吗？

案　情

杨某是某工厂的操作工人。杨某的丈夫酗酒，且经常对杨某实施家庭暴力。一天晚上，杨某的丈夫喝完酒后又对其实施暴力，并将杨某关在门外。杨某在自己家门外过了一夜，她已经忍受了多年的家庭暴力，这一次她再也无力承受。第二天早上，杨某早早地去了工厂，她打算利用运作的机器结束自己的生命。因为周围没有同事，杨某的自杀行为没有人发觉，也没有人阻拦。事后，杨某丈夫主张工厂应当赔偿损失，并支付精神损害赔偿。工厂拒绝赔偿，认为杨某执意自杀，工厂没有责任。请问，员工故意造成自身损害的情况下，用人单位还需承担损害赔偿责任吗？

解　析

员工故意造成自身损害的，用人单位不需承担赔偿责任。

《民法典》第一千一百七十四条规定，损害是因受害人故意造成的，行为人不承担责任。第一千二百四十条规定，从事高空、高压、地下挖掘活动或者使用高速轨道运输工具造成他人损害的，经营者应当承担侵权责任；但是，能够证明损害是因受害人故意或者不可抗力造成的，不承担责任。被侵权人对损害的发生有重大过失的，可以减轻经营者的责任。可见，针对一般类型的侵权案件，行为人有过错时，需承担赔偿责任。但是受害人故意或者不可抗力造成损害的，免除行为人的赔偿责任。受害人为故意，意味着其积极地追求损害结果的发生，因而丧失向行为人主张赔偿的权利。本案例中的杨某因不能继续承受丈夫的家庭暴力，利用工厂的机器自杀。杨某自杀时周围并没有其他同事，所以不能认为同事没有尽到相关的制止义务。工厂并不能预料到员工会利用机器自杀，所以也不能将制止杨某自杀的义务强加到工厂方面，因此，工厂一方无须承担赔偿责任。

法　条

《中华人民共和国民法典》

第一千一百七十四条　损害是因受害人故意造成的，行为人不承担责任。

第一千二百四十条　从事高空、高压、地下挖掘活动或者使用高速轨道运输工具造成他人损害的，经营者应当承担侵权责任；但是，能够证明损害是因受害人故意或者不可抗力造成的，不承担责任。被侵权人对损害的发生有重大过失的，可以减轻经营者的责任。

4. 使用自然人的肖像，是否需经本人同意并支付费用？

案　情

钱某的喜好是写小说。年初，钱某带着自己写的小说来到A出版社，希望A出版社能够出版自己的小说。工作人员见钱某形象气质俱佳，便为钱某拍艺术照，表示愿意将照片用于报刊封面。钱某认为工作人员在开玩笑，她当时也没有当真。事后，钱某无意间发现自己的照片确实被用作A出版社报刊的封面。于是，钱某联系A出版社，认为A出版社应当支付一定的费用。但是出版社认为，拍照时钱某并没有要求支付费用，所以拒绝了钱某的请求。请问，A出版社的答复合法吗？即使当初未作约定，钱某现在是否有权要求A出版社支付一定的费用？

解　析

A出版社的答复不合法，《民法典》第五条规定，民事主体从事民事活动，应当遵循自愿原则，按照自己的意思设立、变更、终止民事法律关系。该法第一千零一十九条规定，任何组织或者个人不得以丑化、污损，或者利用信息技术手段伪造等方式侵害他人的肖像权。未经肖像权人同意，不得制作、使用、公开肖像权人的肖像，但是法律另有规定的除外。未经肖像权人同意，肖像作品权利人不得以发表、复制、发行、出租、展览等方式使用或者公开肖像权人的肖像。可见，他人使用公民的肖像，需经本人的同意。本案例中的钱某同意A出版社使用自己的肖像，但是认为A出版社在开玩笑，所以当时没有约定使用肖像的费用问题。根据钱某事后作出的主张相关使用费用的行为，可以看出钱某并没有同意A出版社可以无偿使用自己的肖像，所以A出版社应当就使用钱某肖像的行为支付一定的费用，甚至，应当承担侵权责任。

法 条

《中华人民共和国民法典》

第五条 民事主体从事民事活动，应当遵循自愿原则，按照自己的意思设立、变更、终止民事法律关系。

第一千零一十九条 任何组织或者个人不得以丑化、污损，或者利用信息技术手段伪造等方式侵害他人的肖像权。未经肖像权人同意，不得制作、使用、公开肖像权人的肖像，但是法律另有规定的除外。

未经肖像权人同意，肖像作品权利人不得以发表、复制、发行、出租、展览等方式使用或者公开肖像权人的肖像。

5. 私教将学员健身照上传网络构成侵权吗?

案 情

王某系“菲特”健身房的私人教练，开设健康减脂课程。吴某花费9999元报名该健康减脂课程，在王某的指导下进行练习，效果显著。吴某在短短两个月内瘦身7.8kg，整个人的精神风貌发生了很大的变化，身材变得更有曲线美感，特别是腰部和腿部产生了很明显的瘦身效果。吴某将自己减脂前后的对比照发给王某并表示感谢。王某觉得吴某减肥前后身材对比突出，于是将吴某照片放到自己的微博用来宣传健康减脂课程。很多人看到王某的微博后报名王某的课程，一时间王某成为明星教练并获得丰厚的物质报酬。吴某无意间看到自己的减肥对比照被王某发在微博用来卖课觉得非常气愤，于是将王某告上法院。请问王某作为健身房私教将学员健身照上传网络构成侵权吗？

解　析

《民法典》规定，民事主体的人格权受法律保护，任何组织或者个人不得侵害。人格权是一项非常重要的人身权利，关乎人的尊严和人的价值。肖像权是一项人格权利，关系到自然人的社会评价，关乎自然人的人格尊严。肖像权也附着一定的财产利益，自然人可以通过商用的方式利用自己的肖像获取等价的报酬。《民法典》第一千零一十八条规定自然人享有肖像权，《民法典》第一千零一十九条规定未经肖像权人同意，不得使用、公开肖像权人的肖像。比如照相馆私自加印顾客的照片、某品牌未经他人允许使用他人照片作为商标等，均属于前述规定的“使用”；将他人私发给自己的照片发到微博或者抖音等，则属于前述规定的“公开”。本案中，吴某并未通过约定的方式允许私教王某使用自己的照片进行商业宣传。王某既不是拍摄照片的人，也不是照片上的主体，无权将该照片上传网络。因此，私教王某未经吴某同意在互联网上发布吴某照片的行为存在明显过错，侵犯了吴某的肖像权。

法　条

《中华人民共和国民法典》

第一千零一十八条　自然人享有肖像权，有权依法制作、使用、公开或者许可他人使用自己的肖像。

肖像是通过影像、雕塑、绘画等方式在一定载体上所反映的特定自然人可以被识别的外部形象。

第一千零一十九条　任何组织或者个人不得以丑化、污损，或者利用信息技术手段伪造等方式侵害他人的肖像权。未经肖像权人同意，不得制作、使用、公开肖像权人的肖像，但是法律另有规定的除外。

未经肖像权人同意，肖像作品权利人不得以发表、复制、发行、出租、展览等方式使用或者公开肖像权人的肖像。

6. 高空抛物致使他人受伤的，应当由谁承担赔偿责任？

案情

每到夏天，方女士都喜欢在小区内散散步，消解暑热。这天傍晚，方女士像往常一样在小区内遛弯儿，走到24号楼楼下时，忽然从楼上飞下来一个酒瓶，刚巧砸到了她的肩膀。事故发生后，方女士立即被小区群众送往医院，从楼上掉下的酒瓶造成她锁骨骨折，花去医药费1万多元。方女士的家人找不到从楼上往下扔酒瓶的住户，便找到物业，要求物业承担赔偿责任。但是，物业认为自己已经在电梯内对所有住户进行了“禁止高空抛物”的安全提示，自己不应当承担对方女士的赔偿责任。那么，请问高空抛物致使他人受伤的，应当由谁承担侵权损害赔偿责任？

解　析

高空抛物是我国法律所明确禁止的。目前，我国高层住户不断增多，高空抛物致人损害案件也屡有发生。在有些情况下，无法确定具体的侵权人时，我国《民法典》第一千二百五十四条对此种情况作出明确规定，高空抛物致人受伤的，经调查难以确定具体侵权人时，除能够证明自己不是侵权人的外，由可能加害的建筑物使用人给予补偿。可能加害的建筑物使用人补偿后，有权向侵权人追偿。物业服务企业等建筑物管理人应当采取必要的安全保障措施防止前款规定情形的发生；未采取必要的安全保障措施的，应当依法承担未履行安全保障义务的侵权责任。在无法确定侵权人的情况下，公安等机关应当依法及时调查，查清责任人。由此可知，在无法确定侵权人时，加害建筑物使用人应当对受害人进行补偿，但是能够确定自己不是侵权人的除外。

在本案中，方女士被24号楼高空抛下的酒瓶砸伤，因无法确定具体的侵权人，方女士可以请求公安机关查明具体的侵权人。如果无法查明具体侵权人，原则上由24号楼的使用人给予补偿，但是能够证明自己不是侵权人的除外，比如能够提供证据证明自己当天确实不在家的住户。此外，如果物业尽到了安全保障义务，则无须承担责任。

法　条

《中华人民共和国民法典》

第一千二百五十四条　禁止从建筑物中抛掷物品。从建筑物中抛掷物品或者从建筑物上坠落的物品造成他人损害的，由侵权人依法承担侵权责任；经调查难以确定具体侵权人的，除能够证明自己不是侵权人的外，由可能加害的建筑物使用人给予补偿。可能加害的建筑物使用人补偿后，有权向侵权人追偿。

物业服务企业等建筑物管理人应当采取必要的安全保障措施防止前款规定情形的发生；未采取必要的安全保障措施的，应当依法承担未履行安全保障义务的侵权责任。

发生本条第一款规定的情形的，公安等机关应当依法及时调查，查清责任人。

7. 自行车被盗后又被倒卖，自行车所有人有权取回吗？

案 情

王某买了一辆自行车。他“爱车如命”，每次骑完，就把自行车锁好。一天，他把自行车停在银行门口进去办理业务，却忘了给车上锁。王某办完业务打算骑车回家时，发现自行车被偷了。偷自行车的人将车推到附近的二手车市场上出售，最后，将这辆自行车低价倒卖给了一个熟人。不料，买自行车的人和王某住在同一个小区，王某无意中发现自己的自行车停在另一栋楼的楼下。王某要求买车的人归还自己的爱车，请问，王某有权取回被倒卖的自行车吗？相关法律是如何规定的呢？

解 析

王某有权取回自己的自行车。本案例的情形涉及我国法律中关于善意取得制度的规定。《民法典》第三百一十一条规定，无处分权人将不动产或者动产转让给受让人的，所有权人有权追回；除法律另有规定外，符合下列情形的，受让人取得该不动产或者动产的所有权：（一）受让人受让该不动产或者动产时是善意；（二）以合理的价格转让；（三）转让的不动产或者动产依照法律规定应当登记的已经登记，不需要登记的已经交付给受让人。受让人依据前款规定取得不动产或者动产的所有权的，原所有权人有权向无处分权人请求损害赔偿。当事人善意取得其他物权的，参照适用前两款规定。本规定即为善意取得制度。一般情况下，所有权人的财产被无权处分人处分给第三人后，所有权人可以向第三人主张追回。例外情形，即第三人构成善意取得时，所有权人无权主张追回。善意取得的构成要件有三个：（1）受让时为善意；（2）支付了合理的价格；（3）需登记的已经登记或者不需登记的已经交付。缺少其中任何一个要件，都不能适用善意取得制度。本案例中王某的自行车被盗窃，窃得自行车的人为无权处分人，由其低价转手行为可以推断出倒卖车辆存在问题，购买者未经查证便购买，不符合善意取得的情形，因此买车人不构成善意取得。因此，王某有权主张买车人归还自行车。

法条

《中华人民共和国民法典》

第三百一十一条 无处分权人将不动产或者动产转让给受让人的，所有权人有权追回；除法律另有规定外，符合下列情形的，受让人取得该不动产或者动产的所有权：

（一）受让人受让该不动产或者动产时是善意；

（二）以合理的价格转让；

（三）转让的不动产或者动产依照法律规定应当登记的已经登记，不需要登记的已经交付给受让人。

受让人依据前款规定取得不动产或者动产的所有权的，原所有权人有权向无处分权人请求损害赔偿。

当事人善意取得其他物权的，参照适用前两款规定。

8. 转让共有财产时，按份共有人有优先购买权吗？

案 情

小高和小乐是大学室友，两人毕业以后去了同一家公司上班。公司提供职工宿舍，小高和小乐就长年住在公司的职工宿舍。去年，因为两人都积累了一部分积蓄，就合资买了一套住房。平时二人还住在职工宿舍，所买的那套住房就出租出去收取租金。今年，小高的父母提出希望他回到老家就业。孝顺父母的小高考虑到双亲需要照顾，便决定处理完这边的住房后就回家乡发展。小高在网上发出广告，表示希望将房屋份额转让。请问，此等情形下，小乐有权主张自己享有优先购买权吗？

解 析

小乐有权主张自己享有优先购买权。《民法典》第三百零五条规定，按份共有人可以转让其享有的共有的不动产或者动产份额。其他共有人在同等条件下享有优先购买的权利。可见，按份共有人有权转让自己共有的份额时，其他共有人享有优先购买权。但行使优先购买权的前提是提供与其他购买人同等的条件，如同等的价款。本案例中的小乐作为按份共有人如果意欲行使优先购买权，而且愿意提供市场同等价，那么，小乐就有权优先购买该房屋份额。

法 条

《中华人民共和国民法典》

第三百零五条 按份共有人可以转让其享有的共有的不动产或者动产份额。其他共有人在同等条件下享有优先购买的权利。

9. 邻居的垃圾堆满楼道，应该怎么解决?

案 情

刘某已经在某小区居住了多年。不久前，刘某的邻居因故搬走了，但没过几天，新的住户就搬了进来。刘某只是听说，新的邻居姓郝，但他从来没有见过郝某。郝某总是宅在家里，连垃圾都懒得丢到楼下的垃圾桶里。一个月以后，郝某门前的垃圾就堆积到刘某的家门口了。刘某对此十分不满，多次善意提醒郝某清理垃圾，但是郝某一直没有理会这件事，导致楼道里苍蝇成群。刘某认为自己的生活被影响了，但是他不清楚郝某侵犯了自己的哪些权利。请问，郝某的做法是否构成侵权?刘某应如何主张权利?

解 析

郝某的做法构成侵权，刘某有权主张郝某停止侵害、恢复原状。近年来，相邻权纠纷越来越多地进入人们的视野，只有处理好此类纠纷才能维系好邻里间的关系。《民法典》第二百八十八条规定，不动产的相邻权利人应当按照有利生产、方便生活、团结互助、公平合理的原则，正确处理相邻关系。该法第二百九十四条规定，不动产权利人不得违反国家规定弃置固体废物，排放大气污染物、水污染物、土壤污染物、噪声、光辐射、电磁辐射等有害物质。可见，本案例中的郝某在楼道堆放垃圾的行为有违“有利生产、方便生活”的原则，影响了居住环境，也不符合关于弃置废弃物的规定。刘某作为房屋的相邻权利人有权依法要求郝某停止侵权行为，并将楼道环境恢复原状。

法　条

《中华人民共和国民法典》

第二百八十八条　不动产的相邻权利人应当按照有利生产、方便生活、团结互助、公平合理的原则，正确处理相邻关系。

第二百九十四条　不动产权利人不得违反国家规定弃置固体废物，排放大气污染物、水污染物、土壤污染物、噪声、光辐射、电磁辐射等有害物质。

10. 单位允许职务作品为他人所使用，需要经职工同意吗？

案　情

于某大学期间主修计算机软件专业，毕业后，他来到一家软件公司工作。于某工作一段时间后，公司负责人认为于某很有能力，希望他能研发一款新软件。研发任务的下达是通过口头谈话的方式进行的，于某未与公司签订任何书面合同，对新软件的著作权归属问题也未作约定。今年1月，于某顺利完成任务。今年五一假期期间，于某发现A软件公司正在推广自己不久前研发出来的软件。于某将A公司起诉到法院，认为该软件的著作权人为其本人，A公司的行为侵犯了自己的著作权。而A公司则认为该软件是经于某所在公司授权的，自己没有侵犯于某的著作权。请问，法律关于职务作品的著作权归属是如何规定的？职务作品由第三方使用前，需要经过研发者本人的同意吗？

解　析

本案中，职务作品的著作权归属于于某。单位将新软件授权他人使用时，需经著作权人于某的同意。《著作权法》第十八条规定，自然人为完成法人或者非法人组织工作任务所创作的作品是职务作品，除本条第二款的规定以外，著作权由作者享有，但法人或者非法人组织有权在其业务范围内优先使用。作品完成两年内，未经单位同意，作者不得许可第三人以与单位使用的相同方式使用该作品。有下列情形之一的职务作品，作者享有署名权，著作权的其他权利由法人或者非法人组织享有，法人或者非法人组织可以给予作者奖励：（一）主要是利用法人或者非法人组织的物质技术条件创作，并由法人或者非法人组织承担责任的工程设计图、产品设计图、地图、示意图、计算机软件等职务作品；（二）报社、期刊社、通讯社、广播电台、电视台的工作人员创作的职务作品；（三）法律、行政法规规定或者合同约定著作权由法人或者非法人组织享有的职务作品。也就是说，在一般情况下，职务作品的著作权由作者享有，单位只能在业务范围内优先使用。例外情形有三种：一是主要利用单位的物质技术条件创作且由单位承担责任的工程设计图、产品设计图、地图、示意图、计算机软件等职务作品；二是报社、期刊社、通讯社、广播电台、电视台的工作人员创作的职务作品；三是由法律、行政法规规定或者根据合同约定的著作权由单位享有的职务作品。上述的例外情形中，作者只享有署名权，著作权由单位享有。本案中的于某创作的新软件是职务作品，因其系个人独立开发，所以著作权应当归属于于某。单位只能在业务范围内优先使用该软件，而无权授权A软件公司使用推广该软件。A公司欲使用该软件需经著作权人于某的同意，否则将构成侵权。

法　条

《中华人民共和国著作权法》

第十八条　自然人为完成法人或者非法人组织工作任务所创作的作品是职务作品，除本条第二款的规定以外，著作权由作者享有，但法人或者非法人组织有权在其业务范围内优先使用。作品完成两年内，未经单位同意，作者不得许可第三人以与单位使用的相同方式使用该作品。

有下列情形之一的职务作品，作者享有署名权，著作权的其他权利由法人或者非法人组织享有，法人或者非法人组织可以给予作者奖励：

（一）主要是利用法人或者非法人组织的物质技术条件创作，并由法人或者非法人组织承担责任的工程设计图、产品设计图、地图、示意图、计算机软件等职务作品；

（二）报社、期刊社、通讯社、广播电台、电视台的工作人员创作的职务作品；

（三）法律、行政法规规定或者合同约定著作权由法人或者非法人组织享有的职务作品。

11. 专利共有人可以以个人名义将专利授权他人使用吗?

案 情

储某、王某和侯某是大学室友。上学期间，3 人一时兴起共同研发了一项新技术，并进行了注册，但当时谁也没在意此技术是否有应用价值或者是否有前景。毕业后，侯某迫于生活压力，就打算将大学期间共同研发的那项技术以自己的名义并以普通许可的方式授权某公司使用。该公司推广该技术以后在很大程度上提高了公司效益，为了答谢侯某，除使用费外，另外又支付给侯某丰厚的报酬。与侯某住在一个城市的储某知悉此事后，认为侯某构成侵权。储某认为侯某无权以自己的名义将 3 人共有的专利许可他人使用。请问，专利共有人可以以自己的名义，将专利授权他人使用吗？针对部分共有人许可他人使用专利的问题，相关法律是如何规定的呢？

解 析

本案例中，侯某可以以自己的名义将专利授权他人使用。《专利法》第十四条规定，专利申请权或者专利权的共有人对权利的行使有约定的，从其约定。没有约定的，共有人可以单独实施或者以普通许可方式许可他人实施该专利；许可他人实施该专利的，收取的使用费应当在共有人之间分配。除前款规定的情形外，行使共有的专利申请权或者专利权应当取得全体共有人的同意。专利权的行使问题，在一般情况下，应当经全体共有人的同意。但是例外的是，共有人之间有约定的从约定；没有约定的，共有人可以单独实施或以普通许可的方式授权他人使用，但所收取的费用需在共有人之间进行分配。本案例中的侯某虽然以自己的名义授权该公司使用共有的专利，但是是以普通许可的方式进行授权，符合法律规定。但侯某需将所获得的报酬在共有人之间分配。

法　条

《中华人民共和国专利法》

第十四条　专利申请权或者专利权的共有人对权利的行使有约定的，从其约定。没有约定的，共有人可以单独实施或者以普通许可方式许可他人实施该专利；许可他人实施该专利的，收取的使用费应当在共有人之间分配。

除前款规定的情形外，行使共有的专利申请权或者专利权应当取得全体共有人的同意。

第十章

老人、儿童、残疾人权益保障

老人、儿童、残疾人是我国公民的组成部分，他们的显著特征是都属于社会中的弱势群体。就老人而言，我国是世界上老年人口最多的国家，老人权益被侵害的事件也是屡见不鲜，常见的侵害老人权益的行为有：侵害老人的财产权，如子女直接占有老人的现金、存款、房产、田地等；侵害老人的人身权，如虐待、打骂、遗弃老人等；遗忘老人的精神健康，如子女不回家看望老人等。就儿童而言，由于其身心发育尚未完全，行为能力受到一定限制，其合法的财产权益、人身健康等权益也容易被家庭成员所侵害，近年来频发的虐待儿童案件就是很好的例子。就残疾人而言，由于其身体或者心理有一定的缺陷，因而在社会生活中也容易被歧视，无法得到公平的对待，合法权益容易被侵害。对于这些人群，在享有宪法赋予公民的基本权利之外，还需要法律给予他们特殊的保护。

1. 赡养老年人只需支付给老人足够的生活费用就可以吗?

案 情

齐某是个漂亮的姑娘，家住杭州某小区。一次偶然的机会，齐某被星探发现，就与联谊娱乐公司签约，成为该公司的艺人。经过公司的包装后，齐某很快走红，忙于各种广告代言和影视剧的演出。齐某是独生女，自从她成为明星后，很少回家照看父母，只是每月给父母打一笔钱，让父母多买些吃的、穿的、用的。齐某的父母经常打电话给齐某，让她不要老是忙工作，抽空多回家来看看。但是齐某认为，现在正是她事业的高峰期，她必须抓住机会，让自己更红。父母身体还算硬朗，只要给父母足够的生活费，他们就能照看好自己。请问，赡养老人只需要支付给老人足够的生活费就可以了吗?

解 析

赡养老人不仅是我国的传统美德，更是每位公民应尽的法律义务。父母将子女从小养大，作为子女，长大后理应照顾好自己的父母，这里的照顾不仅包括物质生活方面的满足，还包括对父母精神生活方面的满足。我国《老年人权益保障法》第十四条第一款规定，赡养人应当履行对老年人经济上供养、生活上照料和精神上慰藉的义务，照顾老年人的特殊需要。具体到本案例，齐某应当多回家照看父母，仅仅给予父母物质生活上的支持是不够的，还应给予父母精神上的慰藉。“空巢老人”在社会上非常普遍，尤其是在大城市。年轻人为了工作事业，经常在外打拼，将父母独自留在家中，这会使老人的孤独感增长，对老人的健康也十分不利。因此子女应多陪陪父母，在工作繁忙不能回家的情况下，也应该经常与父母通电话。

法 条

《中华人民共和国老年人权益保障法》

第十三条 老年人养老以居家为基础，家庭成员应当尊重、关心和照料老年人。

第十四条 赡养人应当履行对老年人经济上供养、生活上照料和精神上慰藉的义务，照顾老年人的特殊需要。

赡养人是指老年人的子女以及其他依法负有赡养义务的人。

赡养人的配偶应当协助赡养人履行赡养义务。

2. 为阻止母亲再婚，子女以不尽赡养义务相要挟，合法吗？

案 情

雷某的父亲在她很小的时候就与她的母亲离婚，然后与别的女人搬到其他城市居住，只留下她们母女相依为命。年初，雷某经人介绍与焦某认识，两人交往了半年后，性格、脾气等都十分合得来，所以打算见过双方家长后，就领证结婚。巧合的是，见面时，雷某与焦某才发现，雷某的母亲与焦某的父亲竟然也在谈恋爱。雷某担心旁人会说三道四，所以极力阻止母亲与焦某父亲的结合。在与母亲商量无果的情况下，雷某声称如果母亲执意与焦某父亲结婚，就不承担赡养母亲的义务。请问，雷某为了阻止母亲再婚，以不赡养母亲相要挟的做法合法吗？

解　析

我国《民法典》第一千零六十九条规定，子女应当尊重父母的婚姻权利，不得干涉父母离婚、再婚以及婚后的生活。子女对父母的赡养义务，不因父母的婚姻关系变化而终止。也就是说，父母有选择结婚与不结婚，以及与谁结婚的权利，作为子女无权干涉。而且不管父母对婚姻如何选择，作为子女都应该对父母履行赡养义务。案例中，雷某认为母亲与自己男友父亲的结合会招致别人的闲话，所以为了自己能得到幸福，就想阻止母亲再婚，并以不尽赡养义务相要挟，雷某的做法不合法，根据上述条文的规定，她无权干涉母亲再婚的自由，也不得因为母亲再婚而不对母亲尽赡养义务。

法　条

《中华人民共和国民法典》

第一千零六十九条　子女应当尊重父母的婚姻权利，不得干涉父母离婚、再婚以及婚后的生活。子女对父母的赡养义务，不因父母的婚姻关系变化而终止。

3. 儿女替父母种地，收成归谁？

案　情

老李家祖祖辈辈都是农民，到了老李和其儿子这里也不例外。对于老李一家人来说，种地是他们唯一的经济来源。自从儿子娶了媳妇搬出去住之后，老李夫妇的地便由老两口自己耕种，其间从来没有麻烦过儿子和儿媳妇。现如今，老李夫妇年事已高，已经没有能力再继续种地，但又觉得把地租出去有些可惜，于是决定让儿子和儿媳代为耕种。老李夫妇向儿子和儿媳说了这个决定后，儿子表示同意，但儿媳却提出，代为耕种可以，只是地里的收成以后就不能再归老李夫妇了。那么，儿媳的说法正确吗？儿女替父母种地，收成归谁？

解 析

老李儿媳妇的说法是错误的。父母是未成年子女的法定监护人，子女是年迈父母的法定监护人，子女在父母年老后应承担好监护责任。在老年人丧失劳动能力后，赡养人应当帮助老年人管理个人财产，但老年人对个人的财产，仍依法享有占有、使用、收益和处分的权利，作为赡养人，不得以任何方式强行索取老年人的财产。对于老人田地管理和收益的归属问题，我国《老年人权益保障法》第十七条明确规定，赡养人有义务耕种或者委托他人耕种老年人承包的田地，照管或者委托他人照管老年人的林木和牲畜等，收益归老年人所有。本案例中，老李夫妇的儿子作为其赡养人，有义务耕种老人的田地，但是田地上的收成仍归老人所有，其不能独自占有。如果老李的儿子和儿媳拒绝给予老李夫妇收成的话，其行为就违反了我国法律的规定，将会受到法律的制裁。

法　条

《中华人民共和国老年人权益保障法》

第十七条　赡养人有义务耕种或者委托他人耕种老年人承包的田地，照管或者委托他人照管老年人的林木和牲畜等，收益归老年人所有。

4. 继承遗产和年龄有关吗？

案　情

王某现如今已经将近 70 岁，丈夫结婚没多久就意外去世了。后来，王某经人介绍嫁给了同村丧妻的付某。可就在今年年初，身体一向健康的付某突然得了癌症，3 个月后就撒手人寰了。处理完付某的后事后，付某的两个儿子与王某坐到了一起谈论继承付某遗产的事情。付某的两个儿子称，鉴于王某无亲生子女，待王某年老后，就由兄弟二人进行赡养，但父亲付某留下来的遗产王某就不能再继承了，因为王某现在年事已高，已经没有继承遗产的权利了。那么，付某儿子们的说法正确吗？继承遗产和年龄有关吗？

解　析

付某儿子们的说法是错误的。根据我国《民法典》第一千一百二十七条的规定，遗产的第一顺序继承人是配偶、子女和父母，即被继承人的第一顺序的法定继承人，这些人在被继承人死后均有权利继承财产。老年人也不例外。老年人作为配偶，是法律规定的第一顺序继承人，在其配偶死亡时依法享有继承的权利。认为老人不能继承配偶遗产的认识是不正确的。此外，我国《老年人权益保障法》第二十二条第二款规定，老年人有依法继承父母、配偶、子女或者其他亲属遗产的权利，有接受赠与的权利。子女或者其他亲属不得侵占、抢夺、转移、隐匿或者损毁应当由老年人继承或者接受赠与的财产。本案例中，针对付某留下的遗产，按照法律规定王某是合法的第一顺序的继承人，其有权继承付某留下的财产，付某的儿子们以王某年事已高为由剥夺其继承遗产的权利是违反我国法律规定的，继承遗产的权利和年龄没有关系。

法 条

《中华人民共和国民法典》

第一千一百二十七条 遗产按照下列顺序继承：

（一）第一顺序：配偶、子女、父母；

（二）第二顺序：兄弟姐妹、祖父母、外祖父母。

继承开始后，由第一顺序继承人继承，第二顺序继承人不继承；没有第一顺序继承人继承的，由第二顺序继承人继承。

……

《中华人民共和国老年人权益保障法》

第二十二条第二款 老年人有依法继承父母、配偶、子女或者其他亲属遗产的权利，有接受赠与的权利。子女或者其他亲属不得侵占、抢夺、转移、隐匿或者损毁应当由老年人继承或者接受赠与的财产。

5. 夫妻离婚时，可以将登记在子女名下的财产分割吗?

案　情

2015年3月，吴某的丈夫因病去世，她和丈夫有一个3岁大的儿子，名叫乐乐。2017年4月，吴某认识了周某，在接触两个月后，两人对对方心生好感，并于2017年10月登记结婚。2018年5月，吴某生下了她与周某的儿子，取名强强。周某偏爱强强，担心将来乐乐与强强争财产，所以在强强满1周岁的时候，他与吴某商量，将夫妻二人结婚后置办的一处房产以生日礼物的方式过户到强强名下。2021年5月，吴某与周某因感情问题提起离婚诉讼，诉讼中因财产分割问题，两人发生争执。吴某认为登记在强强名下的财产属于夫妻共同财产，应当进行分割。但是周某坚持这处房产应属于儿子强强所有，不应分割。请问，夫妻离婚时，可以将登记在子女名下的财产进行分割吗?

解　析

本案中的这套房子不属于夫妻共同财产，所以在他们两人离婚时，不能将房产进行分割。事实上，周某与吴某将房子登记到强强名下的行为属于赠与。我国《民法典》第六百五十七条规定，赠与合同是赠与人将自己的财产无偿给予受赠人，受赠人表示接受赠与的合同。赠与财产的所有权经赠与行为的有效，即发生所有权转移。可知，在本案中，吴某与周某将房产过户给强强时，这处房产的所有权就归强强所有，而不再是他们夫妻的共同财产。周某与吴某离婚时，该房产应由取得强强监护权的一方管理，直至强强成年。但是如果父母离婚时，子女已成年，则子女应该以具有完全民事行为能力的公民身份享有该财产的所有权。综上可知，该财产不能作为夫妻共同财产进行分割。

法 条

《中华人民共和国民法典》

第三十五条 监护人应当按照最有利于被监护人的原则履行监护职责。监护人除为维护被监护人利益外，不得处分被监护人的财产。

未成年人的监护人履行监护职责，在作出与被监护人利益有关的决定时，应当根据被监护人的年龄和智力状况，尊重被监护人的真实意愿。

成年人的监护人履行监护职责，应当最大程度地尊重被监护人的真实意愿，保障并协助被监护人实施与其智力、精神健康状况相适应的民事法律行为。对被监护人有能力独立处理的事务，监护人不得干涉。

第六百五十七条 赠与合同是赠与人将自己的财产无偿给予受赠人，受赠人表示接受赠与的合同。

6. 父母离婚后，没有直接抚养子女的一方就与子女解除了所有的权利义务关系吗?

案 情

何某与路某于2014 年3 月结婚，同年12 月生下他们的儿子路某凡。2021 年，路某与其同事苏某暧昧不清，何某难以忍受丈夫对感情不忠，所以向路某提出离婚。诉讼时，在何某的争取下，法院将他们的儿子路某凡判给何某抚养，由路某每月支付一定的抚养费。何某想将儿子交给在美国生活的姐姐抚养，让儿子过上更高质量的生活。路某知道后极力反对，儿子如果被送出国自己就不能时常见到儿子了。何某则对路某说，他们两人已经离婚了，儿子与路某的权利义务关系也就解除了，所以路某不能干涉她将儿子送出国的决定。请问，父母离婚后，没有直接抚养孩子的一方就与子女解除权利义务关系了吗？

解 析

我国《民法典》第一千零八十四条第一款、第二款规定，父母与子女间的关系，不因父母离婚而消除。离婚后，子女无论由父或者母直接抚养，仍是父母双方的子女。离婚后，父母对于子女仍有抚养、教育、保护的权利和义务。也就是说，即使父母离婚，父母和子女之间的权利义务关系仍然存在，不会消除。因此本案中，何某虽然与路某离婚了，但是路某与儿子的权利义务关系并不因婚姻关系的解除而解除，作为孩子的父亲，他依然对儿子有抚养和教育的权利与义务。对于何某想将儿子送出国的事情，路某有权发表自己的意见。

法 条

《中华人民共和国民法典》

第一千零八十四条 父母与子女间的关系，不因父母离婚而消除。离婚后，子女无论由父或者母直接抚养，仍是父母双方的子女。

离婚后，父母对于子女仍有抚养、教育、保护的权利和义务。

离婚后，不满两周岁的子女，以由母亲直接抚养为原则。已满两周岁的子女，父母双方对抚养问题协议不成的，由人民法院根据双方的具体情况，按照最有利于未成年子女的原则判决。子女已满八周岁的，应当尊重其真实意愿。

7. 非婚生子女能否应该享有和婚生子女同等的权利？

案情

2021 年 2 月，年仅 10 岁的小华将自己的亲生父亲告上了法庭，要求父亲履行对自己的抚养义务。10 年前，小华的母亲与父亲在一次朋友聚会上认识，后来，由于家里反对两人在一起，小华的父亲便与小华的母亲分手了。当时，小华的母亲已经怀上了小华。小华出生后便和母亲相依为命，母亲从不曾在小华面前提起他的生父。但就在一年前，小华的母亲突然下岗，家里唯一的经济来源断了，因此，母子俩的日子过得很艰难，迫于无奈，小华的母亲只好找到小华的父亲要求其履行抚养权，却遭到了拒绝。于是，小华的母亲便以小华的名义向法院提起诉讼，要求小华的亲生父亲履行对小华的抚养义务。那么，小华有权要求亲生父亲履行抚养义务吗？

解析

在实际生活中，非婚生子女的地位是很尴尬的，通常得不到父母的承认，生活也没有保障。对此问题，我国法律有明确规定，非婚生子女享有与婚生子女同等的权利，任何人不得加以危害和歧视。不直接抚养非婚生子女的生父或生母，应当负担子女的生活费和教育费，直至子女能独立生活为止。具体来说，主要包括以下权利：(1) 非婚生子女有要求生父母对其进行抚养教育的权利；(2) 非婚生子女享有姓名权；(3) 非婚生子女有受生父母保护的权利；(4) 非婚生子女有继承其生父母遗产的权利。本案中，小华属于非婚生子女，但应该享有和婚生子女同等的权利，因此，小华有权要求亲生父亲履行抚养义务。

法　条

《中华人民共和国民法典》

第一千零七十一条　非婚生子女享有与婚生子女同等的权利，任何组织或者个人不得加以危害和歧视。

不直接抚养非婚生子女的生父或者生母，应当负担未成年子女或者不能独立生活的成年子女的抚养费。

8. 孩子互相打闹致他人受伤，损失应该由谁进行赔偿呢？

案　情

菲菲今年 12 岁，刚刚上小学六年级。某日，菲菲在课间休息时间与同桌阳阳（11 岁）在教室里打闹，结果阳阳在背菲菲时不小心撞到了身边桌子，导致桌子倾倒并且正好砸到同班同学丽丽的身上，丽丽被严重砸伤，花去了将近 1 万元的医疗费用。对于此事，丽丽的父母十分生气，觉得不能让自己的女儿就这么平白无故受伤，要替女儿讨回公道，于是决定对丽丽的损害进行索赔。那么，丽丽的父母应该找谁赔偿丽丽的损失呢？

解析

本案中，菲菲与阳阳都是限制民事行为能力人，并不能对自己的行为负责，给丽丽造成的损失，需要菲菲和阳阳的法定监护人承担赔偿责任。根据我国《民法典》第二十七条第一款的规定，未成年人的父母为其法定监护人。根据《民法典》第一千一百八十八条的规定，对于未成年人造成的损害，如果未成年人有自己的财产，则从自己的财产中支付赔偿费用，有财产但是不足以支付的需要由监护人承担赔偿责任，没有自己财产的则需要监护人完全承担赔偿责任。所以，本案中，丽丽的父母可以与菲菲和阳阳的父母进行协商，确定一个明确的赔偿数额，这笔赔偿款由菲菲和阳阳的父母双方一起承担。同时，本次事故发生的时间是在课间休息期间，该时间段属于学生自由活动时间，不在学校的监管下，如果丽丽的父母不能提供证据证明学校未尽职责范围内的相关义务，则学校对丽丽的损害就不承担赔偿责任，丽丽的父母只能找菲菲和阳阳的监护人赔偿丽丽的损失。

法条

《中华人民共和国民法典》

第二十七条第一款 父母是未成年子女的监护人。

第一千一百八十八条 无民事行为能力人、限制民事行为能力人造成他人损害的，由监护人承担侵权责任。监护人尽到监护职责的，可以减轻其侵权责任。

有财产的无民事行为能力人、限制民事行为能力人造成他人损害的，从本人财产中支付赔偿费用；不足部分，由监护人赔偿。

9. 在学校发生踩踏事故，学校应该承担责任吗？

案　情

某日晚上，正在家里看电视的袁某看到一则关于学校发生踩踏事故的新闻。新闻里称：当天学校预备铃打响后，学生下楼时发生踩踏事故，造成学生8人死亡，10人受重伤，20多人受轻伤。据记者了解，事发时，很多学生午休结束准备下楼，有些同学赶着去教室写作业，所以下楼时速度很快，但午休楼出口比较窄，导致楼道挤满了人，前面的学生不慎摔倒后引起了踩踏事件。请问，这起事故，学校应该承担责任吗？

解　析

未成年人在学校学习、生活期间受到人身损害，学校或者其他教育机构未尽到教育、管理职责的，应当承担责任。对此，我国《未成年人保护法》和《民法典》等法律中都有相应规定，无论在教育教学活动中还是在集体娱乐活动中，学校都应当时刻注意增强学生的安全防范意识，加强对未成年人的安全教育工作，及时采取措施保障未成年人的人身安全。本案例中，之所以发生学生拥堵、踩踏的恶劣事件，除学生遵守秩序意识、互相谦让意识薄弱外，还与学校疏于管理有很大关系。学校对此事件负有过错，未尽到教育、管理的职责，应当依法承担相应的责任。

法条

《中华人民共和国义务教育法》

第二十四条第一款 学校应当建立、健全安全制度和应急机制，对学生进行安全教育，加强管理，及时消除隐患，预防发生事故。

《中华人民共和国未成年人保护法》

第三十五条 学校、幼儿园应当建立安全管理制度，对未成年人进行安全教育，完善安保设施、配备安保人员，保障未成年人在校、在园期间的人身和财产安全。

学校、幼儿园不得在危及未成年人人身安全、身心健康的校舍和其他设施、场所中进行教育教学活动。

学校、幼儿园安排未成年人参加文化娱乐、社会实践等集体活动，应当保护未成年人的身心健康，防止发生人身伤害事故。

《中华人民共和国民法典》

第一千一百九十九条 无民事行为能力人在幼儿园、学校或者其他教育机构学习、生活期间受到人身损害的，幼儿园、学校或者其他教育机构应当承担侵权责任；但是，能够证明尽到教育、管理职责的，不承担侵权责任。

第一千二百条 限制民事行为能力人在学校或者其他教育机构学习、生活期间受到人身损害，学校或者其他教育机构未尽到教育、管理职责的，应当承担侵权责任。

第一千二百零一条 无民事行为能力人或者限制民事行为能力人在幼儿园、学校或者其他教育机构学习、生活期间，受到幼儿园、学校或者其他教育机构以外的第三人人身损害的，由第三人承担侵权责任；幼儿园、学校或者其他教育机构未尽到管理职责的，承担相应的补充责任。幼儿园、学校或者其他教育机构承担补充责任后，可以向第三人追偿。

10. 遭受性侵害的未成年人，可以获得怎样的司法保护和救助？

案 情

晶晶从小生活在一个单亲家庭，和妈妈相依为命，由于父亲角色的缺席使得晶晶对父爱十分渴望。在晶晶上初一的时候，妈妈与王叔叔相识，经过一年多的接触，晶晶妈妈和王叔叔去民政局办理了结婚手续，3 人重新组成了一个家庭。一开始，新家庭十分和谐友好，但是，随着晶晶的成长以及身体的发育，王叔叔经常在晶晶只有一个人的时候对其动手动脚。晶晶碍于情面，对这些没有声张。某次，晶晶和王叔叔因为生活琐事发生了争吵，王叔叔一气之下将晶晶锁在卧室对其实施了性侵害。晶晶将此事告诉了妈妈，妈妈愤怒至极，立刻到派出所报了案。那么，遭受性侵害的未成年人，可以获得怎样的司法保护和救助？

解 析

近年来，对于未成年人遭受性侵害问题，各种媒体不断有所报道。这些侵犯未成年人的坏人，着实让人愤怒。为了让遭受性侵害的未成年人不再二次受伤，我国《未成年人保护法》从实体上和程序上规定了一系列的措施，其中包括：第一，公检法等机关和其他组织要互相配合，对遭受性侵害的未成年被害人采取必要的心理干预、经济救助、法律援助、转学安置等保护措施；第二，公检法机关在办理未成年人遭受性侵害或者暴力伤害案件，在询问未成年被害人、证人时，应当采取同步录音录像等措施，并且尽量一次完成；第三，未成年被害人、证人是女性的，应当由女性工作人员进行。

除《未成年人保护法》的这些规定外，我国《刑事诉讼法》也作出了相关规定，例如未成年人性侵案件涉及未成年人的隐私，应对案件进行不公开审理。此外，在案件审理过程中，未成年被害人、证人一般不出庭作证；必须出庭的，应当采取化名、远程视频等技术手段对其隐私进行保护。

在本案中，晶晶受到性侵犯，在其妈妈报案后，晶晶也会得到一系列的司法保护和救助。

法　条

《中华人民共和国未成年人保护法》

第一百一十一条　公安机关、人民检察院、人民法院应当与其他有关政府部门、人民团体、社会组织互相配合，对遭受性侵害或者暴力伤害的未成年被害人及其家庭实施必要的心理干预、经济救助、法律援助、转学安置等保护措施。

第一百一十二条　公安机关、人民检察院、人民法院办理未成年人遭受性侵害或者暴力伤害案件，在询问未成年被害人、证人时，应当采取同步录音录像等措施，尽量一次完成；未成年被害人、证人是女性的，应当由女性工作人员进行。

11. 在哪些情况下，民政部门可以担任未成年人的临时监护人？

案 情

小美的爸爸妈妈都是某市人民医院的医生，在新冠疫情发生以后，本来正在休假的他们主动申请回到岗位，奋战在抗疫一线。可不幸的是，两个月后，小美的爸爸妈妈被确诊为新冠肺炎无症状感染者，在定点医疗机构隔离并接受治疗。小美作为密切接触者也被隔离观察。小美隔离期满，爸爸妈妈还没有出院，此时，小美的其他亲人又都不在身边，小美处于无人照看的状态。为此，小美的爸爸妈妈通过医院，向该市的民政部门申请，让其担任小美的临时监护人。民政部门同意了该申请，安排社区工作人员陈某将小美接回家进行照料。在小美爸爸妈妈病情痊愈后，陈某又按规定将小美送回了家。那么，除了上述情况，还有哪些情形，民政部门可以对未成年人进行临时监护？

解 析

由于未成年人心智、认知尚未完全成熟，因此需要为其设定监护人，来帮助未成年人处理相关事宜，保障未成年人的合法权益。根据《民法典》的规定，父母是未成年人的当然监护人。在本案例中，小美的爸爸妈妈因患新冠肺炎被隔离救治，无法对小美进行监护，为了不让小美处于无人照看的状态，所以由民政部门对小美进行临时监护。那么，具有哪些情形时，需要民政部门担任未成年人的临时监护人呢？

根据《未成年人保护法》第九十二条的规定，在以下情形发生时，民政部门应当依法对未成年人进行临时监护：（一）未成年人流浪乞讨或者身份不明，暂时查找不到父母或者其他监护人；（二）监护人下落不明且无其他人可以担任监护人；（三）监护人因自身客观原因或者因发生自然灾害、事故灾难、公共卫生事件等突发事件不能履行监护职责，导致未成年人监护缺失；（四）监护人拒绝或者怠于履行监护职责，导致未成年人处于无人照料的状态；（五）监护人教唆、利用未成年人实施违法犯罪行为，未成年人需要被带离安置；（六）未成年人遭受监护人严重伤害或者面临人身安全威胁，需要被紧急安置；（七）法律规定的其他情形。在本案例中，小美的情况应属于第（三）项所规定的，监护人不能履行监护职责从而导致监护缺失的情形。当然，在民政部门进行临时监护期间，如果监护人重新具备履行监护职责条件的，民政部门可以将未成年人重新送回，由未成年人的监护人抚养。

法 条

《中华人民共和国未成年人保护法》

第九十二条 具有下列情形之一的，民政部门应当依法对未成年人进行临时监护：

（一）未成年人流浪乞讨或者身份不明，暂时查找不到父母或者其他监护人；

（二）监护人下落不明且无其他人可以担任监护人；

（三）监护人因自身客观原因或者因发生自然灾害、事故灾难、公共卫生事件等突发事件不能履行监护职责，导致未成年人监护缺失；

（四）监护人拒绝或者怠于履行监护职责，导致未成年人处于无人照料的状态；

（五）监护人教唆、利用未成年人实施违法犯罪行为，未成年人需要被带离安置；

（六）未成年人遭受监护人严重伤害或者面临人身安全威胁，需要被紧急安置；

（七）法律规定的其他情形。

第九十三条　对临时监护的未成年人，民政部门可以采取委托亲属抚养、家庭寄养等方式进行安置，也可以交由未成年人救助保护机构或者儿童福利机构进行收留、抚养。

临时监护期间，经民政部门评估，监护人重新具备履行监护职责条件的，民政部门可以将未成年人送回监护人抚养。

12. 媒体贬低残疾人人格，会承担法律责任吗？

案　情

洲洲3岁时，父母发现他有些不对劲，不像别的孩子好动，而是十分安静，还特别容易受到惊吓。后来，洲洲被送到医院，经检查确诊为脑瘫，虽然不是很严重，但是智力发展会受到影响。洲洲虽然患有脑瘫，但是在画画方面十分有天赋。在父母的精心培育下，洲洲10岁时，他的画就在当地小有名气了。当地电视台为了让更多的人了解脑瘫患者，邀请洲洲及其父母到电视台做节目，还着重对洲洲父母的教育方式进行了采访。然而在采访过程中，主持人却多次用到“智力不健全”“傻子”

等不当词语，这让洲洲的父母倍感屈辱。事后，洲洲的父母想知道，媒体贬低残疾人人格，需要承担责任吗？国家法律在这方面有什么规定？

解 析

媒体贬低残疾人人格，需要承担法律责任。《残疾人保障法》第三条明确规定，残疾人与其他公民在政治、经济、文化、社会和家庭生活等方面享有平等的权利。残疾人的公民权利和人格尊严一样受到法律的保护。基于残疾的歧视，侮辱、侵害残疾人，通过大众传播媒介或者其他方式贬低损害残疾人人格等行为是我国法律所明令禁止的。这就表明，残疾人的人格权在我国受法律的保护，通过大众传播媒介或者其他方式贬低损害残疾人人格是法律所不允许的。如媒体存在贬低损害残疾人人格的违法行为，需要承担法律责任。对此，根据我国《残疾人保障法》第六十二条规定，如果媒体违反本法规定，通过大众传播媒介或者其他方式贬低损害残疾人人格的，由其主管部门依职权责令改正，并依据国家的法律、法规及规章的规定，给予行政处罚。本案例中，电视台作为大众传播媒介，本应当向社会传播正能量，然而，其却在公开场合贬低损毁洲洲的人格，该电视台的这种行为是会受到行政处罚的。

法 条

《中华人民共和国残疾人保障法》

第三条 残疾人在政治、经济、文化、社会和家庭生活等方面享有同其他公民平等的权利。

残疾人的公民权利和人格尊严受法律保护。

禁止基于残疾的歧视。禁止侮辱、侵害残疾人。禁止通过大众传播媒介或者其他方式贬低损害残疾人人格。

第六十二条　违反本法规定，通过大众传播媒介或者其他方式贬低损害残疾人人格的，由文化、广播电视、电影、新闻出版或者其他有关主管部门依据各自的职权责令改正，并依法给予行政处罚。

13. 残疾人能考大学吗?

案　情

静静原本有一个哥哥，小时候在村边的小河游泳时溺水身亡，家中就只剩下静静一个孩子了。哥哥的去世给这个家庭带来了无尽的悲伤，好在静静乖巧懂事，学习成绩也好。只是，静静每天上学要走很远的山路，在一次放学回家的路上，静静不慎摔伤了右腿，经过几个月的治疗和休养，虽然能下地走路，但右腿落下了残疾。一转眼，静静已经上高三了，明年就要参加高考了，但是静静一点儿都高兴不起来，原来她担心自己右腿的残疾会阻碍自己的大学梦。为此，静静找到老师说出了困扰自己多日的烦恼，老师勉励静静好好学习，不要胡思乱想，静静完全是可以报考大学的，普通教育机构是没有权利拒绝接收残疾人的。请问，老师的说法正确吗?

解　析

本案例中，老师的说法是正确的。残疾人接受教育是其自强自立、参与社会生活的重要途径，让残疾人接受高等教育是社会文明进步的重要标志。根据我国《残疾人保障法》第二十五条第一款的规定，普通教育机构对具有接受普通教育能力的残疾人实施教育，并为其学习提供便利和帮助。也就是说，只要该残疾人具有接受普通教育的能力，普通教育机构就必须对其实施教育，为其学习提供必要的帮助和便利。本案例中的静静只是右腿残疾，智力并无问题，她可以在我国法律法规允许的范围内选择院校和专业，所以静静作为残疾人是可以考大学的。另外，《残疾人保障法》第六十三条还规定，如教育机构拒绝残疾学生入学，或任意附加条件阻碍残疾人上大学的，相关部门会采取相应的措施来保障残疾人的受教育权。因此，案例中的静静完全不必担心，其应当听取老师的建议努力学习，以待明年实现自己的大学梦。

法 条

《中华人民共和国残疾人保障法》

第二十五条 普通教育机构对具有接受普通教育能力的残疾人实施教育，并为其学习提供便利和帮助。

普通小学、初级中等学校，必须招收能适应其学习生活的残疾儿童、少年入学；普通高级中等学校、中等职业学校和高等学校，必须招收符合国家规定的录取要求的残疾考生入学，不得因其残疾而拒绝招收；拒绝招收的，当事人或者其亲属、监护人可以要求有关部门处理，有关部门应当责令该学校招收。

普通幼儿教育机构应当接收能适应其生活的残疾幼儿。

第六十三条 违反本法规定，有关教育机构拒不接收残疾学生入学，或者在国家规定的录取要求以外附加条件限制残疾学生就学的，由有关主管部门责令改正，并依法对直接负责的主管人员和其他直接责任人员给予处分。

14. 残疾人在应聘中受到歧视，该如何救济？

案　情

玲玲患有小儿麻痹症，需要借助拐杖才能行走。虽然玲玲行走不便，但是她十分聪明，在家人的鼓励和老师、同学的帮助下，玲玲还考上了大学，又读了研究生。玲玲学的是会计专业，她还精通日语和英语，并且获得了英语专业八级证书，研究生毕业时还被学校评为优秀毕业生。今年年初，即将毕业的玲玲和同学一起向各个公司企业投放简历，希望可以找到理想的工作。不久后，同学们都陆续接到了录用通知，而玲玲每一次面试后得到的消息都是回去等通知。玲玲觉得很纳闷，自己在同学当中虽然不是最优秀的，但也算得上拔尖。玲玲就托同学帮忙打听自己没有被录用的原因，得到的答案竟然是因为自己是个残疾人。请问，用人单位的做法符合法律规定吗？

解　析

本案例中，用人单位的做法不符合法律规定。劳动权是公民的一项基本权利，凡是具有劳动能力的公民都可以平等地享有该权利。《残疾人保障法》第三十八条明确规定，用人单位在职工的招用、转正、晋级、职称评定、劳动报酬、生活福利、休息休假、社会保险等方面，不得歧视残疾人，要一视同仁，还要根据残疾职工的特点，提供适当的劳动条件和劳动保护，并根据实际需要对劳动场所、劳动设备和生活设施进行改造。

本案例中，用人单位在玲玲应聘时以玲玲是残疾人为由拒绝录用，是违反我国《残疾人保障法》相关规定的。另外，我国《残疾人保障法》第六十四条还规定，如果用人单位违反本法规定，在职工的招用等方面歧视残疾人，相关主管部门会责令其改正，而被歧视的残疾人还可以通过向法院起诉，来维护自己的合法权益。

法 条

《中华人民共和国残疾人保障法》

第三十八条 ……

在职工的招用、转正、晋级、职称评定、劳动报酬、生活福利、休息休假、社会保险等方面，不得歧视残疾人。

残疾职工所在单位应当根据残疾职工的特点，提供适当的劳动条件和劳动保护，并根据实际需要对劳动场所、劳动设备和生活设施进行改造。

……

第六十四条 违反本法规定，在职工的招用等方面歧视残疾人的，由有关主管部门责令改正；残疾人劳动者可以依法向人民法院提起诉讼。

第十一章

治安管理处罚

良好的社会治安秩序是社会稳定、和谐的基础，而井然有序的社会秩序则是社会不断进步发展的重要前提。在实际生活中，除了比较严重的刑事犯罪活动会损害社会秩序外，发生概率最多的违反治安管理的行为也会影响社会秩序。这种行为相对于犯罪来说社会危害程度较轻，但是因为违反治安管理的行为发生的数量较大、涉及面也非常广泛，直接影响着群众生活和社会安全，因此也必须引起我们的足够重视。

在日常生活中，我们有必要掌握一定的治安管理处罚规定，一方面便于我们在与他人发生治安纠纷后能够及时有效地化解矛盾，维护自身权益；另一方面也可以有效地促进社会的安定祥和。当然，治安管理处罚除了涉及对侵害公民权利、侵害社会安全行为的处罚，还包含着对公安机关依法行使职责的要求，其还应依法接受群众的监督。

1. 治安管理行政处罚可以由公安人员当场作出吗?

案　情

张某和李某在某饭店就餐过程中，由于争抢靠窗的座位而发生争执，双方在争吵过程中摔碎了饭店餐桌上的碗碟。饭店经理前去制止无效后拨打了110。民警赶到后立即对争执的张某、李某及饭店工作人员进行询问，并对现场情况进行了勘查。张某和李某对争吵行为以及损坏饭店财物的事实都无异议，民警最后作出要求二人赔偿饭店损失并处以罚款50元的决定。二人没有异议，当场进行了赔偿并缴纳了处罚金。那么，公安人员这种当场作出行政处罚决定的行为合法吗?

解　析

公安人员在特定情况下是可以当场作出治安管理行政处罚的，此种特定情况即涉及治安管理行政处罚的简易程序时。依据《治安管理处罚法》第一百条的规定，违反治安管理行为事实清楚，证据确凿，处警告或者二百元以下罚款的，可以当场作出治安管理处罚决定。本案中，张某和李某对争吵及破坏饭店财物的违法行为的认定都没有异议，符合规定中的违法行为事实清楚，且有现场勘查笔录、人证、物证足以证明二人行为的损害后果，属于证据确凿，执法人员对此争议作出了200元以下罚款的处罚决定，因此符合适用简易程序的条件，执法人员可以当场作出处罚决定。而根据该法第一百零四条的规定，对被处罚人处以50元以下罚款，被处罚人对罚款无异议的，公安人员可以当场收缴罚款。因此，张某和李某当场向执法人员缴纳罚款的做法也是符合法律规定的。

法　条

《中华人民共和国治安管理处罚法》

第一百条　违反治安管理行为事实清楚，证据确凿，处警告或者二百元以下罚款的，可以当场作出治安管理处罚决定。

第一百零四条　受到罚款处罚的人应当自收到处罚决定书之日起十五日内，到指定的银行缴纳罚款。但是，有下列情形之一的，人民警察可以当场收缴罚款：

（一）被处五十元以下罚款，被处罚人对罚款无异议的；

……

2. 谎称自己患有疫病引发恐慌，将面临什么法律责任？

案　情

元旦将至，高某与女友约好到毕棚沟看雪。由于元旦是旅行高峰期，女友和高某商量错峰出行，让高某想办法请个假。高某兴冲冲地填好了假条，却被通知：为做好新冠肺炎疫情防控工作，所有员工非必要不得离开本地。如此一来，高某的出游计划泡汤了。后来，高某“灵机”一动，用软件 PS 了一张“核酸检测呈阳性”的检查报告单，并将它发到了公司的闲聊群中，称自己“中招了”。高某发的信息引发同事热烈讨论和转发，领导立马将此事报告给了有关部门，并有序安排全体职工到医院做检测。高某看到公司的处理慌了，知道自己做错事，但也不敢承认是自己撒谎，只跟领导说自己立马再去重新检测。谁知，高某正准备出门，卫生部门的工作人员便来到了高某的住处。高某见躲不过，便坦白了自己撒谎的事实。随后，高某被移交公安机关调查处理。请问，谎称自己患有疫病引发恐慌，将面临什么法律责任？

解　析

谎称自己患有疫病引发恐慌的行为将导致行为人面临行政处罚。为了维护公共秩序安全稳定，任何人不得捏造、散布谣言，谎报疫情、险情、警情等。我国《治安管理处罚法》第二十五条明确规定，散布谣言，谎称某处存在险情、疫情、警情或通过其他方式故意扰乱公共秩序的，处以 5 日以上 10 日以下拘留，可以并处 500 元以下的罚款。如果行为情节较轻的，处以 5 日以下拘留或者 500 元以下的罚款。此外，我国《刑法》还规定，编造虚假疫情、险情等在网络或其他媒体上传播，严重扰乱社会秩序的，应处以徒刑、拘役或管制。可见，谎报疫情轻则面临行政处罚，重则面临刑事处罚。本案中，在疫情防控的重要时期，高某为了休假谎称自己患有新冠肺炎，导致小范围秩序混乱，应当受到惩罚。根据法律规定，其将面临行政拘留、罚款的行政处罚。

法　条

《中华人民共和国治安管理处罚法》

第二十五条　有下列行为之一的，处五日以上十日以下拘留，可以并处五百元以下罚款；情节较轻的，处五日以下拘留或者五百元以下罚款：

（一）散布谣言，谎报险情、疫情、警情或者以其他方法故意扰乱公共秩序的；

（二）投放虚假的爆炸性、毒害性、放射性、腐蚀性物质或者传染病病原体等危险物质扰乱公共秩序的；

（三）扬言实施放火、爆炸、投放危险物质扰乱公共秩序的。

《中华人民共和国刑法》

第二百九十一条之一 投放虚假的爆炸性、毒害性、放射性、传染病病原体等物质，或者编造爆炸威胁、生化威胁、放射威胁等恐怖信息，或者明知是编造的恐怖信息而故意传播，严重扰乱社会秩序的，处五年以下有期徒刑、拘役或者管制；造成严重后果的，处五年以上有期徒刑。

编造虚假的险情、疫情、灾情、警情，在信息网络或者其他媒体上传播，或者明知是上述虚假信息，故意在信息网络或者其他媒体上传播，严重扰乱社会秩序的，处三年以下有期徒刑、拘役或者管制；造成严重后果的，处三年以上七年以下有期徒刑。

3. 民间团体组织的晚会发生事故后应该由谁担责？

案 情

某地慈善基金会为帮助贫困山区的儿童“温暖过冬”，组织了一场大型的募捐晚会，晚会场地是一露天广场，由临时搭建的台子作为舞台。晚会当天，数千名人员到场观看。但是在晚会进行过程中，由于临时搭建的舞台地基不稳，舞台的柱子突然发生晃动，导致舞台上的演员及前排部分观众纷纷躲避造成骚乱。那么请问，此次民间团体组织的晚会发生了这种危险，应当由谁对此负责?

解 析

本案中，慈善基金会及其负责人应当对此次事故负责。对于慈善晚会这种大型的文艺演出活动，由于参加和观看人数众多，所以一定要保证晚会参会人员的安全，这是首要问题。作为晚会的组织者应当事先做好一切准备工作，排除发生安全事故危险的一切可能性，做到防患于未然。一旦发生事故或有发生事故的危险，就意味着组织者未尽到足够的注意义务，就要承担相应的治安责任。我国《治安管理处罚法》第三十八条对这一问题有明确规定，举办文化、体育等大型群众性活动，违反有关规定，有发生安全事故危险的，责令停止活动，立即疏散。对组织者处五日以上十日以下拘留，并处二百元以上五百元以下罚款；情节较轻的，处五日以下拘留或者五百元以下罚款。由此可见，因举办大型群众性活动发生安全事故危险的，其责任主体为活动的组织者，其可能受到的处罚包括拘留和罚款。在本案中，当地的慈善基金会作为本次晚会的组织者，应当承担活动的安全保障义务，保障晚会舞台搭建的稳固安全，保障参会演员和群众的安全。但是最后发生了地基不稳、舞台柱子晃动的事故危险，说明晚会的组织者即该慈善基金会未尽到足够的安全保障义务，因此，应当由慈善基金会及其负责人承担责任，接受处罚。

法　条

《中华人民共和国治安管理处罚法》

第三十八条　举办文化、体育等大型群众性活动，违反有关规定，有发生安全事故危险的，责令停止活动，立即疏散。对组织者处五日以上十日以下拘留，并处二百元以上五百元以下罚款；情节较轻的，处五日以下拘留或者五百元以下罚款。

4. 公安机关对群众的报案受理不及时属于违法行为吗？

案　情

家住农村的老杨发现自己家院子里种的白菜被邻居家的羊啃了，于是向邻居要求赔偿白菜的损失，在协商无果后，老杨来到乡派出所报案。派出所的民警高某在听完老杨对案件的叙述后，以年底各种案件频发、派出所任务繁重为由没有对老杨的报案进行受理，并劝老杨这种简单案件还是回去好好协商，协商无果后再来报案。老杨感到有些困惑，过一段时间民警再对案件受理，那时白菜遭到损坏等证据情况不就不完整了吗？自己已经到派出所报案了，民警为什么不能立即受理呢？那么，民警高某对老杨的报案受理不及时属于违法行为吗？

解　析

民警高某不及时受理老杨报案的行为是违反法律规定的。作为维护社会治安的公安机关及其派出机构，应当对群众发现的各种违法不公行为及时受理，这样才能及时保护群众的权益，维护好社会秩序。我国《治安管理处罚法》第七十七条规定，公安机关对报案、控告、举报或者违法行为人的主动投案，以及其他行政部门、司法机关移送的违反治安管理案件，应当及时受理，并进行登记。该法第七十八条规定，公安机关受理报案、控告、举报、投案后，认为属于违反治安管理行为的，应当立即进行调查；认为不属于违反治安管理行为的，应当告知报案人、控告人、举报人、投案人，并说明理由。由此可见，法律明确规定公安机关对于报案，应当及时受理并立即进行调查。本案中，对于财物遭到损害的受害人老杨的报案，派出所民警高某应当依法立即受理并进行登记，然后立即进行调查并及时答复老杨，而不能以年底任务繁重为由进行推托。

法条

《中华人民共和国治安管理处罚法》

第七十七条　公安机关对报案、控告、举报或者违反治安管理行为人主动投案，以及其他行政主管部门、司法机关移送的违反治安管理案件，应当及时受理，并进行登记。

第七十八条　公安机关受理报案、控告、举报、投案后，认为属于违反治安管理行为的，应当立即进行调查；认为不属于违反治安管理行为的，应当告知报案人、控告人、举报人、投案人，并说明理由。

5. 精神病人会成为《治安管理处罚法》的处罚对象吗?

案 情

小顾今年25岁，患有间歇性精神病。一日，小顾跟随母亲一起上街买菜。在买菜过程中，小顾的母亲在与小贩讨价还价时发生了言语上的冲突，小贩情急之下夺走小顾母亲手中的菜表示不打算卖给她了。小顾见此情形，觉得自己母亲受到了欺负，便上前把小贩一拳打倒在地并拳打脚踢。后小顾被在场群众拦住，小贩从地上起来后要求对方赔偿自己的损失，但遭到了小顾和其母亲的拒绝。小贩拨打了110，公安人员赶到后，对现场进行了询问勘查。事后小贩的伤情经鉴定为轻微伤，公安机关最终对小顾作出拘留5天的治安管理处罚决定。小顾的母亲对此处罚决定表示不服，她提出小顾是精神病人不能控制自己的行为，故不应当接受治安处罚。那么，小顾母亲的说法对吗？精神病人会成为治安管理处罚的对象吗?

解 析

精神病人能否成为治安管理处罚对象的关键在于违法行为发生时，其所处的精神状态，即在实施违反治安管理的行为时，精神病人是否具有辨认或控制自己行为的能力。根据我国《治安管理处罚法》第十三条的规定，精神病人在不能辨认或者不能控制自己行为的时候违反治安管理的，不予处罚……因此，能否辨认或控制自己的行为是衡量是否对精神病人予以治安管理处罚的标准。现实生活中，有一部分精神病人是完全不具有辨认和控制自己行为的能力的，对于这样的精神病人，法律将其归结为无民事行为能力人，其无须承担违法责任。但有些精神病人是间歇性的，其在违反治安管理行为发生时的精神状态是不确定的，因此对此种精神病人，就要区分其在实施违反治安管理行为时的辨认能力和控制能力，以便认定是否能够给予其行政处罚。如果其此时具备相应的辨认和控制能力，则应当承担相应的责任；反之，则无须对其处以治安管理处罚。在本案中，小顾为间歇性精神病人，所以首先应当对其精神状态进行鉴定，如果鉴定结果为其在打人的时候完全不具有辨认或控制自己行为的能力，那么其母亲的说法就是正确的，公安机关就不能给予其治安处罚；如果经鉴定小顾打人时精神正常，则其应当接受公安机关5天的行政拘留处罚。

法　条

《中华人民共和国治安管理处罚法》

第十三条　精神病人在不能辨认或者不能控制自己行为的时候违反治安管理的，不予处罚，但是应当责令其监护人严加看管和治疗。间歇性的精神病人在精神正常的时候违反治安管理的，应当给予处罚。

6. 房东出租房屋没有登记承租者的身份证，也要接受治安处罚吗？

案　情

王某在本地有一处三室两厅的房屋。由于自己一个人居住，他觉得其他两间房屋闲置着很可惜，就打算将其中一间卧室出租。田某是王某朋友的朋友，是一名外来打工人员，正好想承租房子。王某的朋友便将王某的联系方式告诉了田某，田某与王某商谈好价格、租期等问题后，王某要田某出示自己的身份证，田某表示身份证丢了正在补办过程中，并说自己是王某朋友的朋友，完全可以信赖不用登记。王某也不好意思再提登记身份证这事了。后田某因在出租房内吸食毒品被公安机关抓获。公安机关了解到，田某并没有合法有效的身份证件，并且王某在将房屋出租时未对田某进行身份登记，因此除对田某立案侦查外，还对王某处以了500元的罚款。王某不明白，房东出租房屋没有登记承租者的身份证，也要接受治安处罚吗？

解　析

出租人在出租房屋时是需要承担一定的治安责任的，违反规定的义务就要受到相应的行政处罚。房屋出租人的治安责任是指，公民将房屋进行出租的时候，要对承租人的身份进行登记，以确保承租人的身份合法有效。正如《治安管理处罚法》第五十七条第一款的规定，房屋出租人将房屋出租给无身份证件的人居住的，或者不按规定登记承租人姓名、身份证件种类和号码的，处二百元以上五百元以下罚款。法律之所以如此规定，是为了防止承租人利用承租房屋进行违法犯罪活动，尤其是在外来人口流动较大的大中城市，对承租人进行身份登记有助于治安管理。本案中，房屋出租人王某在出租房屋时有登记承租人身份证的义务，但是王某却未对田某进行身份登记，违反了法律规定，因此公安机关对其罚款是符合法律规定的。

法 条

《中华人民共和国治安管理处罚法》

第五十七条　房屋出租人将房屋出租给无身份证件的人居住的，或者不按规定登记承租人姓名、身份证件种类和号码的，处二百元以上五百元以下罚款。

房屋出租人明知承租人利用出租房屋进行犯罪活动，不向公安机关报告的，处二百元以上五百元以下罚款；情节严重的，处五日以下拘留，可以并处五百元以下罚款。

7. 噪声扰民要受《治安管理处罚法》的约束吗?

案 情

小明是一名高三学生，临近高考却每晚都睡不好觉，白天精神不好，成绩直线下降，进而导致心理压力很大。后来，小明父母知道了小明睡不好觉的原因是楼下广场上的老年人跳广场舞，他们每天都跳到很晚而且播放的音乐声音很大，这直接影响了小明的睡眠质量。于是，小明父母便将此事投诉给了附近的派出所，派出所民警立即出面与跳广场舞的老年人进行沟通，对双方进行了调解。双方达成协议后，小明再也没有受到噪声的困扰。不过令小明不解的是，噪声扰民也要受《治安管理处罚法》的约束吗？公安机关还负责噪声扰民这样的小事吗？

解 析

噪声扰民是《治安管理处罚法》约束的内容之一，公安机关对于这类案件也会依法进行登记处理。所谓噪声，是一种由于音量过大而引起人心理烦躁甚至危害人体健康的声音，它会危害到人类的生活安宁，进而会影响人的身心健康。因此，违反社会生活噪声污染防治法律规定，制造噪声干扰他人正常生活的要承担治安责任。我国《治安管理处罚法》第五十八条对此有明确规定，违反关于社会生活噪声污染防治的法律规定，制造噪声干扰他人正常生活的，处警告；警告后不改正的，处二百元以上五百元以下罚款。在本案中，跳广场舞的老人的行为已经触犯了《治安管理处罚法》，但是对于这样的邻里纠纷，由于情节较轻，经公安机关调解后，已经妥善解决，所以就没有再处以治安管理处罚。本案中，派出所采取的调解方式是值得称道的，有助于邻里关系的维系。但是，如果之后老年人违反调解协议再次制造噪声，影响小明的正常生活，公安机关就可以对制造噪声的老年人进行行政处罚，并告知小明有权提起民事诉讼。

法 条

《中华人民共和国治安管理处罚法》

第五十八条 违反关于社会生活噪声污染防治的法律规定，制造噪声干扰他人正常生活的，处警告；警告后不改正的，处二百元以上五百元以下罚款。

8. 违反治安管理行为人发现办案警察与对方有利害关系，能要求办案警察回避吗？

案 情

安某与张某同住一个小区。一天，二人因一件小事发生口角。次日，两人各召集一帮人打算打群架，引来众人的围观。还好有人及时报警，在两拨人动手打架之前，警察及时赶到现场，所幸悲剧没有发生，但是，安某和张某等人因违反治安管理被警察带去讯问。讯问过程中，安某发现张某是此派出所所长张某某的儿子。安某认为警方一定会偏袒张某，自己一定会受到不公正对待。于是，他申请该派出所的全体警察回避。警方认为安某是无理取闹，没有听取他的意见。请问，在这种情况下，安某是否有权提出回避申请呢？

解 析

安某有权申请该派出所的全体警察回避。《治安管理处罚法》第八十一条规定，人民警察在办理治安案件过程中，遇有下列情形之一的，应当回避；违反治安管理行为人、被侵害人或者其法定代理人也有权要求他们回避：（一）是本案当事人或者当事人的近亲属的；（二）本人或者其近亲属与本案有利害关系的；（三）与本案当事人有其他关系，可能影响案件公正处理的。人民警察的回避，由其所属的公安机关决定；公安机关负责人的回避，由上一级公安机关决定。可见，本案属于该条第一款第三项规定的情形，当警察与本案当事人有其他关系导致可能影响案件的公正处理时，违反治安管理行为人可以申请其回避。本案中的张某是该派出所所长的儿子，讯问警察与张某的父亲存在上下级关系，该所的全体警察可能会考虑到自己的前途从而在一定程度上偏袒张某，达到讨好所长的效果。因该所的全体警察都可能会作出影响案件公正处理的决定，所以，安某有权对全体警察提出回避申请。

法　条

《中华人民共和国治安管理处罚法》

第八十一条　人民警察在办理治安案件过程中，遇有下列情形之一的，应当回避；违反治安管理行为人、被侵害人或者其法定代理人也有权要求他们回避：

（一）是本案当事人或者当事人的近亲属的；

（二）本人或者其近亲属与本案有利害关系的；

（三）与本案当事人有其他关系，可能影响案件公正处理的。

人民警察的回避，由其所属的公安机关决定；公安机关负责人的回避，由上一级公安机关决定。

9. 派出所民警可以作出哪些行政处罚决定？

案　情

宋某是一个卖水果的小摊贩，他平日里就在街上贩卖水果。某天，当地派出所的民警以宋某影响市容为由将其带到派出所，经过审讯，对他作出罚款1000元并没收违法所得的处罚决定。宋某不服，他认为当时其他小摊贩也在场，但派出所民警只是将自己带回派出所审讯，明显执法不公。宋某觉得不公平，但是他又不能要求派出所民警将当时在场的所有小摊贩都带到派出所，宋某说不清楚派出所何处违法，也不知道该如何主张自己的权利。请问，派出所民警对宋某作出的处罚决定合法吗？派出所可以作出哪些行政处罚决定？

解　析

派出所民警对宋某作出的处罚决定不合法。《治安管理处罚法》第九十一条规定，治安管理处罚由县级以上人民政府公安机关决定；其中警告、五百元以下的罚款可以由公安派出所决定。也就是说，作为公安机关的派出机构，派出所可以作出的处罚种类只限于警告和500元以下的罚款，超出此两种处罚类型和数额就属于行政违法行为。其他种类的行政处罚，如500元以上的罚款、没收违法所得、没收非法财物、责令停产停业、暂扣或吊销许可证、行政拘留等，只能由县级以上的公安机关决定。本案中的派出所民警对宋某作出罚款1000元的处罚，超出了500元的罚款限额；对宋某作出没收违法所得的处罚，超出了处罚种类。所以，派出所民警的处罚决定违法，宋某可以提出行政复议或者向人民法院起诉。

法　条

《中华人民共和国治安管理处罚法》

第十条　治安管理处罚的种类分为：

（一）警告；

（二）罚款；

（三）行政拘留；

（四）吊销公安机关发放的许可证。

对违反治安管理的外国人，可以附加适用限期出境或者驱逐出境。

第九十一条 治安管理处罚由县级以上人民政府公安机关决定；其中警告、五百元以下的罚款可以由公安派出所决定。

10. 初次违法的未成年人可以免于执行行政拘留吗？

案 情

王某今年17岁，正读高二，学习成绩优异。前不久，他的父母因感情不和离婚。这件事对王某造成了很大的打击，他无心学习，沉迷网聊。半年后，他的学习成绩直线下降，人也变得爱惹是生非。一次，他被人嘲笑是单亲家庭，王某为了发泄心中怨气，故意毁坏了对方的苹果手机。经人报案，公安机关对王某作出拘留7日，罚款500元的决定。王某的父亲知道这件事后，提出王某系初次违法且为未成年人，所以符合不执行行政拘留处罚的条件，希望公安机关不予拘留。请问，不执行行政拘留处罚的条件有哪些？

解 析

初次违法的未成年人可以免于执行行政拘留处罚。《治安管理处罚法》第四十九条规定，盗窃、诈骗、哄抢、抢夺、敲诈勒索或者故意损毁公私财物的，处五日以上十日以下拘留，可以并处五百元以下罚款；情节较重的，处十日以上十五日以下拘留，可以并处一千元以下罚款。本案中的王某因故意毁损公私财物，应当被处以拘留 7 日和罚款 500 元的行政处罚。关于王某是否符合不执行行政拘留处罚的条件，该法第二十一条规定，违反治安管理行为人有下列情形之一，依照本法应当给予行政拘留处罚的，不执行行政拘留处罚：……（二）已满十六周岁不满十八周岁，初次违反治安管理的；……本案中，王某 17 岁，其父亲提出王某系初次违反治安管理，如果查证属实，则王某就符合不执行行政拘留处罚的条件。

法　条

《中华人民共和国治安管理处罚法》

第二十一条　违反治安管理行为人有下列情形之一，依照本法应当给予行政拘留处罚的，不执行行政拘留处罚：

……

（二）已满十六周岁不满十八周岁，初次违反治安管理的；

……

第四十九条　盗窃、诈骗、哄抢、抢夺、敲诈勒索或者故意损毁公私财物的，处五日以上十日以下拘留，可以并处五百元以下罚款；情节较重的，处十日以上十五日以下拘留，可以并处一千元以下罚款。

11. 变卖被查封、扣押的房产符合法律规定吗？

案　情

赵某和李某存在债务纠纷，经协商不成，赵某将李某起诉至法院，诉请李某偿还债务。为了保证自己的债权得到实现，赵某申请法院查封李某的一套房产，法院同意了赵某的申请。后来，赵某想将该房产变卖，提前实现自己的债权。当赵某将房屋转卖给第三人之际，被法院发现，法院及时制止了赵某的转卖行为。后赵某被公安机关带去讯问，并被公安机关处以5日行政拘留处罚，赵某不服，认为自己没有违法。请问，变卖被法院查封、扣押的房产符合法律规定吗？

解　析

变卖被查封、扣押的房产是违法行为。对此，《治安管理处罚法》第六十条规定，有下列行为之一的，处五日以上十日以下拘留，并处二百元以上五百元以下罚款：（一）隐藏、转移、变卖或者损毁行政执法机关依法扣押、查封、冻结的财物的；……可见，变卖行政执法机关依法查封的财物的，属于违反治安管理的行为，会受到治安管理处罚。已经被司法机关扣押、查封和冻结的财产，任何人不得随意处置。本案中，赵某急于实现债权，所以想私自变卖已经被法院查封的房产，影响了法院诉讼活动的正常进行。所幸情节并不严重，被法院及时制止，没有造成严重后果。但是，赵某的行为已经违反了《治安管理处罚法》，依法应当受到治安管理处罚；如果情节严重，赵某还将构成犯罪。在此提醒大家注意的是，虽然自己的权益是合法的，应当受到法律保护，但是应当寻求合法途径，否则维权的同时也可能会触犯法律。

法　条

《中华人民共和国治安管理处罚法》

第六十条　有下列行为之一的，处五日以上十日以下拘留，并处二百元以上五百元以下罚款：

（一）隐藏、转移、变卖或者损毁行政执法机关依法扣押、查封、冻结的财物的；

……

12. 暂缓执行行政拘留的条件有哪些？

案 情

周某性格刚烈，眼里容不得沙子。一次，他见郑某正在欺负一个乞丐，周某立即上前去伸张正义。郑某认为周某多管闲事，于是两人争吵起来。争吵过程中，周某踢了一下郑某的右腿，郑某感觉不适，遂报案。后来，公安机关对周某作出拘留5日的处罚决定，周某不服。周某的妻子在情急之下找到一位保证人，向公安机关提出暂缓执行行政拘留的书面申请。但是，该申请并没有得到公安机关的认可，公安机关以不符合暂缓执行条件为由答复了周某的妻子。请问，暂缓执行行政拘留的条件有哪些？

解 析

关于暂缓执行行政拘留的条件，我国《治安管理处罚法》第一百零七条作出了详细规定：第一，被处罚人对拘留决定不服，并且已经向行政机关申请行政复议，或者向法院提起行政诉讼；第二，被处罚人或者其近亲属向有关机关提出了符合条件的保证人，或缴纳了符合条件的保证金；第三，公安机关认为暂缓执行没有社会危险性。本案中，周某只是具备了第二项条件。关于第一项条件，周某并未针对该处罚决定向行政机关申请行政复议或向法院提起行政诉讼，只有提出行政复议或行政诉讼才能使处罚决定处于效力待定的状态，处罚决定才能够暂缓执行。此外，周某还可能欠缺第三项条件，只有在公安机关认为暂缓对周某执行拘留对社会并没有危险性的前提下，公安机关才会同意暂缓执行拘留。关于周某的社会危险性问题，公安机关会作出综合判断，如考虑周某行为恶性的大小，周某的性格特征和认错态度等各方面因素。总之，只有完全具备上述三项条件，行政拘留处罚才会被暂缓执行。

法 条

《中华人民共和国治安管理处罚法》

第一百零七条 被处罚人不服行政拘留处罚决定，申请行政复议、提起行政诉讼的，可以向公安机关提出暂缓执行行政拘留的申请。公安机关认为暂缓执行行政拘留不致发生社会危险的，由被处罚人或者其近亲属提出符合本法第一百零八条规定条件的担保人，或者按每日行政拘留二百元的标准交纳保证金，行政拘留的处罚决定暂缓执行。

第十二章

刑事犯罪

为了维护社会秩序，保证人民群众的人身和财产安全，严厉打击各种犯罪，遏制犯罪苗头，我们有必要开展关于刑事犯罪的普法教育。刑法的任务，就是用刑罚同一切犯罪行为作斗争，以保卫国家安全，保卫人民民主专政的政权和社会主义制度，保护国有财产和劳动群众集体所有的财产，保护公民私人所有的财产，保护公民的人身权利、民主权利和其他权利，维护社会秩序、经济秩序，保障社会主义建设事业的顺利进行。在此章节，我们通过选取与大家日常生产、生活密切相关的典型案例进行解析，让大家加强对我国《刑法》的了解，远离犯罪，自觉成为懂法、守法且能运用法律武器维护自身合法权益的公民。

1. 实施正当防卫需要负刑事责任吗?

案　情

王某今年26岁，是某纺织厂的员工。2019年年末，由于厂里订单多，所以经常组织加班，王某也不例外，为了安全起见，王某的老公每天都接王某下班。这天，由于下雪，王某下班后在厂门口迟迟不见老公，于是便顺着回家的路边走边等。走到某偏僻的小路时，突然出现一个男子拿着小刀要求其交出身上的钱财。王某非常害怕，便从兜里掏出了200元钱，歹徒见钱太少，便开始殴打王某，要求其交出所有的钱。就在这时，王某的老公听到了王某的呼救声，便从地上捡起一块砖头，向歹徒砸过去将其砸晕。报警后，歹徒很快就被抓获，但由于后脑勺流血过多而受重伤。那么本案中王某的老公需要为歹徒受伤承担刑事责任吗?

解　析

本案中王某老公的行为属于正当防卫，不需要承担刑事责任。所谓“正当防卫”，根据我国《刑法》第二十条的定义，是指为了使国家、公共利益、本人或者他人的人身、财产和其他权利免受正在进行的不法侵害，而采取的制止不法侵害的行为。正当防卫一般不负刑事责任，如果超过必要的限度，将构成防卫过当需负刑事责任。但我国《刑法》第二十条同时也规定了例外情形，即对正在进行行凶、杀人、抢劫、强奸、绑架以及其他严重危及人身安全的暴力犯罪，采取防卫行为，造成不法侵害人伤亡的，不属于防卫过当，不负刑事责任。本案中王某的老公正好撞见王某被抢劫，为了救王某，捡起砖头砸向罪犯，导致其脑部受到了重伤，符合上述例外情形，所以不负刑事责任。

法 条

《中华人民共和国刑法》

第二十条 为了使国家、公共利益、本人或者他人的人身、财产和其他权利免受正在进行的不法侵害，而采取的制止不法侵害的行为，对不法侵害人造成损害的，属于正当防卫，不负刑事责任。

正当防卫明显超过必要限度造成重大损害的，应当负刑事责任，但是应当减轻或者免除处罚。

对正在进行行凶、杀人、抢劫、强奸、绑架以及其他严重危及人身安全的暴力犯罪，采取防卫行为，造成不法侵害人伤亡的，不属于防卫过当，不负刑事责任。

2. 实施犯罪时因害怕受到刑事责任追究而主动放弃犯罪，且并未造成损害结果的，需要承担刑事责任吗？

案 情

赵燕是一名下岗女职工，其丈夫杨大庆常年在外打工，平常就只有赵燕一个人在家里干活并照顾正读初中的儿子。有时赵燕忙不过来便经常请邻居赵武帮忙。一来二去，二人便慢慢产生了感情，经常在赵燕的家里幽会。为了能和赵燕永远在一起，赵武经常怂恿其离婚，但赵燕考虑到孩子迟迟不同意。2019 年年末，眼看赵燕的丈夫就要回来了，赵燕还是不肯离婚，怀恨在心的赵武便决定将杨大庆杀害。第二天赵武在杨大庆回家经过的路上将其打晕，正准备动手杀人时，突然害怕事情败露，自己将无路可逃，锒铛入狱，一生都在监狱里度过，于是放弃了继续实施犯罪的想法，杨大庆醒来后只受到了点儿皮外伤，报警后赵武很快就被带进警察局配合调查。那么本案中赵武需要承担刑事责任吗？

解　析

本案中赵武的行为构成犯罪中止，不需承担刑事责任。根据我国《刑法》第二十四条的规定，在犯罪过程中，自动放弃犯罪或者自动有效地防止犯罪结果发生的，是犯罪中止。对于中止犯，没有造成损害的，应当免除处罚；造成损害的，应当减轻处罚。在实践中，犯罪中止具有以下几个特点：第一，行为人在客观上能够继续犯罪的情况下，自动作出不继续犯罪或不追求犯罪结果的选择；第二，犯罪中止必须发生在犯罪过程中；第三，犯罪中止必须是有效地停止了犯罪行为或者有效地避免了危害结果的发生。本案中的赵武在已经将杨大庆打晕的情况下，本来可以将其杀死，但因害怕受到刑事责任追究而主动放弃了犯罪，最后杨大庆也只是受了点儿皮外伤，没有发生危害结果，所以构成犯罪中止，应当免除处罚。

法　条

《中华人民共和国刑法》

第二十四条　在犯罪过程中，自动放弃犯罪或者自动有效地防止犯罪结果发生的，是犯罪中止。

对于中止犯，没有造成损害的，应当免除处罚；造成损害的，应当减轻处罚。

3. 向他人传授犯罪方法是否构成犯罪?

案 情

当年，仅仅15岁的王某因家里困难而辍学和同乡一起外出打工，并在网吧结识了当地的混混团伙，经常结伙作案，实施偷盗抢劫行为。后来该团伙的犯罪行为被公安机关侦破并被判刑，王某服刑完毕之后回到了家乡，遇到了多年不见的儿时玩伴刘某，寒暄过后，刘某向王某抱怨自己刚刚被之前工作的厂子辞退，正缺钱花，又不想出去打工受老板的气，得知王某参加过犯罪团伙，经常实施盗窃抢劫行为，便主动向其请教如何作案捞钱。王某见刘某如此崇拜自己，便手把手教刘某如何选择作案时机、如何应对反抗等。后来刘某按照王某教的方法成功地实施了抢劫。那么在本案中，王某手把手教刘某如何抢劫构成犯罪吗?

解 析

本案中的王某构成犯罪。实践中有些犯罪分子由于成功实施过某一种类的犯罪，因而对该种类的犯罪积累了比较多的犯罪“经验”，掌握了不少犯罪方法，为了把这些犯罪方面的“独门绝技”传授下去，便通过语言、文字、动作、图像或者其他方法，向他人传授实施犯罪的具体经验和技能，严重威胁社会的和谐稳定和他人的合法权益。因此，我国《刑法》第二百九十五条明确规定，传授犯罪方法的，处五年以下有期徒刑、拘役或者管制；情节严重的，处五年以上十年以下有期徒刑；情节特别严重的，处十年以上有期徒刑或者无期徒刑。本案中的王某教刘某犯罪技能，符合“传授犯罪方法罪”的规定，应当承担刑事责任。

法　条

《中华人民共和国刑法》

第二百九十五条　传授犯罪方法的，处五年以下有期徒刑、拘役或者管制；情节严重的，处五年以上十年以下有期徒刑；情节特别严重的，处十年以上有期徒刑或者无期徒刑。

4. 敲诈勒索是否构成犯罪?

案　情

2020 年 4 月，于某想自己创业开一个养殖场，但由于自家房屋占地面积小，又不愿占用其他的地，想到离自己家不远处有一个河堤，那里面积大，取水方便，平常往来的人也少，适合养殖。在未取得任何审批的情况下，于某擅自将河堤旁种的大片树林用挖掘机推倒，准备在上面建造养殖场地。后来，于某破坏林木的行为被黄某发现，黄某便以自己掌握了于某非法占用和破坏林地的证据为由，要求于某给自己 5000 元的封口费，否则就向林业局检举。于某为了平息此事，便通过银行转账给黄某 5000 元。后来于某的儿子知道了此事后，非常气愤，认为黄某属于敲诈勒索，便向公安局告发了黄某。那么，本案中的黄某是否属于敲诈勒索？需要承担刑事责任吗？

解 析

本案中的黄某构成敲诈勒索罪，应当承担刑事责任。所谓敲诈勒索，指的是以非法占有为目的，对被害人以威胁或者要挟的方法，强行索要公私财物的行为。在实践中具体表现为犯罪分子通过采用威胁、要挟、恐吓等手段，迫使被害人交出财物的行为。根据我国《刑法》第二百七十四条的规定，敲诈勒索公私财物，数额较大或者多次敲诈勒索的，处三年以下有期徒刑、拘役或者管制，并处或者单处罚金……本案中的黄某以于某违法毁坏树木为由，骗取钱财，主观上具有犯罪故意，在客观上造成了索取公私财物犯罪行为的既遂。所以，应当按照上述法律规定追究其刑事责任。

法 条

《中华人民共和国刑法》

第二百七十四条 敲诈勒索公私财物，数额较大或者多次敲诈勒索的，处三年以下有期徒刑、拘役或者管制，并处或者单处罚金；数额巨大或者有其他严重情节的，处三年以上十年以下有期徒刑，并处罚金；数额特别巨大或者有其他特别严重情节的，处十年以上有期徒刑，并处罚金。

5. 犯罪后逃跑，公安机关已经立案侦查，20 年后归案的还需承担刑事责任吗？

案　情

李某是一名小学教师，在所有家长和领导的眼中，李某是一个好老师、好同事，是所有人学习的榜样，然而对于在小学就读的五年级女生小燕来说，李某就像一个恶魔，不停将魔爪伸向自己。原来，从小燕四年级开始，李某便经常以补课的名义将父母均不在身边的小燕留下对其实施性侵，年幼的小燕虽然不愿意，但在李某不断地恐吓下只能选择就范。有一次李某在对小燕进行性侵的过程中不断辱骂小燕，遭到了小燕的反抗，李某恼羞成怒将其殴打致死。命案发生后，李某便连夜逃亡到了外地。后来，公安机关对此案立案侦查，直到 22 年后，李某才被缉拿归案。那么，此时李某还需承担刑事责任吗？

解　析

本案中的李某依然应当受到法律的制裁。我国《刑法》第八十七条对犯罪分子的犯罪行为追究规定了追诉时效，它指的是在一个有效的期限内，司法机关对犯罪分子有权进行刑事追诉，如果期限之内司法机关未进行有效的追诉活动，就无权再进行追诉。因为此条文，生活中很多人认为只要是在法定期限内警察没有抓到自己，自己就可以光明正大地不承担刑事责任。其实这是错误的理解，根据《刑法》第八十八条的规定，在人民检察院、公安机关、国家安全机关立案侦查或者在人民法院受理案件以后，逃避侦查或者审判的，不受追诉期限的限制……本案中对于李某实施的强奸行为及杀害行为，当地公安机关已经立案侦查，所以不受追诉期限的限制，无论多少年过去，李某都应当承担刑事责任。

法 条

《中华人民共和国刑法》

第八十七条 犯罪经过下列期限不再追诉：

（一）法定最高刑为不满五年有期徒刑的，经过五年；

（二）法定最高刑为五年以上不满十年有期徒刑的，经过十年；

（三）法定最高刑为十年以上有期徒刑的，经过十五年；

（四）法定最高刑为无期徒刑、死刑的，经过二十年。如果二十年以后认为必须追诉的，须报请最高人民检察院核准。

第八十八条 在人民检察院、公安机关、国家安全机关立案侦查或者在人民法院受理案件以后，逃避侦查或者审判的，不受追诉期限的限制。

被害人在追诉期限内提出控告，人民法院、人民检察院、公安机关应当立案而不予立案的，不受追诉期限的限制。

6. 私自买卖、储存枪支需要承担刑事责任吗？

案 情

张家和李家住在一个四合院里，两家的关系一直都非常和睦，直到半年前张家和李家因物品摆放的问题而发生了争执，两家便因此事件而交恶，经常为一些琐事而吵得不可开交。某天，张家的小狗将大便拉在了李家的门口，李家非常气愤，在驱赶的过程中导致小狗受了伤，张家儿子知道此事后，非常生气，拿出家里打猎的一支气枪欲冲到李家，但被家人劝住了。李家人十分害怕，便报了警。警察在调查的过程中，发现张家家里有两支气枪，均为张家儿子为了打猎在广州所购。经检查，该枪具有非常大的杀伤力，私自买卖储藏对社会治安极为不利，于是准备就此事件立案侦查。那么，本案中的张家儿子私自买卖、储存枪支需要承担刑事责任吗？

解 析

私自买卖、储存枪支是非常严重的犯罪行为，为我国法律所禁止，我国《刑法》第一百二十五条第一款规定，非法制造、买卖、运输、邮寄、储存枪支、弹药、爆炸物的，处三年以上十年以下有期徒刑；情节严重的，处十年以上有期徒刑、无期徒刑或者死刑。枪支是我国进行安全管控的一个重点，要想合法买卖、持有枪支，必须经过严格的审批和登记，保证枪支处于严格监管之下。之所以这样做，是因为一旦枪支、弹药失控，很有可能会沦为犯罪分子的作案工具，被犯罪分子用来实施杀人、抢劫、绑架等违法犯罪活动，扰乱社会治安、危害公共安全。所以本案中张家儿子非法在广州买卖枪支并持有的行为触犯了《刑法》，应当承担刑事责任。

法 条

《中华人民共和国刑法》

第一百二十五条 非法制造、买卖、运输、邮寄、储存枪支、弹药、爆炸物的，处三年以上十年以下有期徒刑；情节严重的，处十年以上有期徒刑、无期徒刑或者死刑。

非法制造、买卖、运输、储存毒害性、放射性、传染病病原体等物质，危害公共安全的，依照前款的规定处罚。

单位犯前两款罪的，对单位判处罚金，并对其直接负责的主管人员和其他直接责任人员，依照第一款的规定处罚。

7. 故意破坏易燃易爆设备将承担什么法律后果?

案　情

2020年4月，王某在亲戚蒋某的介绍下到某采油厂工作，经过厂里分配，王某到了生产队二队队长张某的手下工作。王某平时为人圆滑，工作时总喜欢偷懒耍滑，队长张某非常看不惯，经常当着众多同事的面训斥王某。这让好面子的王某非常不能接受，怀恨在心，产生了将采油厂的污水池炸掉，然后再诬赖给张某的想法。于是8月12日，王某购买了线绳、汽油桶等物品，趁天黑无人的时候，偷偷溜进污水池，将事先准备好的汽油桶抛入污水池的油面上，点燃线绳并马上逃离了现场。后来该污水池起了大火，并很快蔓延，最终导致采油厂损失惨重，还将在车间工作的3名工人烧死。那么，王某故意破坏易燃易爆设备将承担何种法律后果?

解　析

本案中王某的行为构成破坏易燃易爆设备罪，应当被追究刑事责任。故意破坏燃气或者其他易燃易爆设备，往往会导致火灾、爆炸，从而对公共安全造成严重的危害。在认定此罪时，应当注意的是破坏的必须是正在使用中的易燃易爆设备，且足以危害公共安全或者已经造成严重后果、危害公共安全；如果破坏的是非正在使用中的易燃易爆设备，因其不存在危害公共安全的可能性，因而不构成本罪，而是触犯侵犯财产方面的犯罪。本案中的王某为了泄私愤栽赃陷害，故意破坏采油厂正在使用的污水池，并导致了严重的后果，应当按照我国《刑法》第一百一十九条第一款“破坏交通工具、交通设施、电力设备、燃气设备、易燃易爆设备，造成严重后果的，处十年以上有期徒刑、无期徒刑或者死刑”的规定来确定刑罚。

法　条

《中华人民共和国刑法》

第一百一十八条　破坏电力、燃气或者其他易燃易爆设备，危害公共安全，尚未造成严重后果的，处三年以上十年以下有期徒刑。

第一百一十九条　破坏交通工具、交通设施、电力设备、燃气设备、易燃易爆设备，造成严重后果的，处十年以上有期徒刑、无期徒刑或者死刑。

过失犯前款罪的，处三年以上七年以下有期徒刑；情节较轻的，处三年以下有期徒刑或者拘役。

8. 过失致他人死亡的需要承担刑事责任吗?

案　情

王某和姜某是从小一起长大的好朋友，2019 年年末，王某从外地回家过年，见到了许久不见的老朋友姜某，二人都非常高兴，相约到附近的麻将馆一起打牌玩乐。这天由于老朋友李某的牌运特别旺，没多长时间就赢了500多元，姜某非常不爽，怀疑其在牌桌上做了手脚，李某非常生气，认为姜某是在怀疑自己的人品，两人便开始对骂起来，王某为了防止二人打起来，便拼命抱住姜某，但由于姜某情绪非常激动，在推搡过程中，王某不小心撞到了姜某的眼角，当时姜某并没有表现出不适的症状，但第二天早上姜某却被发现死在了床上，经法医验尸，正是王某的撞击导致了姜某颅内出血而死。那么，本案中王某过失致使姜某死亡需要承担刑事责任吗？

解　析

本案中王某的行为构成了过失致人死亡罪，所谓“过失致人死亡”，是指行为人没有杀人的故意，但由于过失导致了他人死亡后果发生的行为。在法理上，过失致人死亡可以被分为两种情况，即过于自信的过失和疏忽大意的过失。前者是指行为人已经预见到其行为可能会造成他人死亡的结果，但由于轻信自己能够避免，最终造成他人死亡结果的发生；后者是指行为人本来应当预见自己的行为可能造成他人死亡，但由于疏忽大意而没有预见，以致造成他人死亡。本案中的王某即属于因疏忽大意的过失致使姜某死亡。为了防止姜某和李某打起来，王某在劝架过程中抱住姜某，在挣扎过程中王某因疏忽大意，不小心撞到了姜某的眼睛，致使其颅内出血而亡，应当依法承担刑事责任。

法　条

《中华人民共和国刑法》

第十五条　应当预见自己的行为可能发生危害社会的结果，因为疏忽大意而没有预见，或者已经预见而轻信能够避免，以致发生这种结果的，是过失犯罪。

过失犯罪，法律有规定的才负刑事责任。

第二百三十三条　过失致人死亡的，处三年以上七年以下有期徒刑；情节较轻的，处三年以下有期徒刑。本法另有规定的，依照规定。

9. 为使朋友不受刑事追诉而故意作假证的行为是犯罪吗？

案　情

王某和刘某是好朋友，二人共同买了一辆二手车，合伙做贩卖蔬菜的生意。这天，二人经过努力达成了一笔订单，在顺利将货物运送至仓库后，已经是半夜了。在赶回家的途中，由刘某驾车，行至某路段时，突然发现有一个人躺在路中央，可以看出是醉酒后昏睡不醒。由于此路段正在整修，如果此时倒车会绕远路，刘某认为卡车底盘高，直接从醉汉身上开过去也不会有什么危险。于是不顾王某的劝阻直接开了过去，结果车的底盘勾住了醉汉的衣服，将醉汉拖行致死。后来，警察在侦查过程中，向王某询问案情，王某为了使刘某不坐牢，于是谎称是醉汉自己撞上车而死亡。那么，本案中的王某作假证的行为会产生什么法律后果呢？

解 析

本案中王某作假证的行为将构成包庇罪。根据《刑法》第三百一十条的规定，明知是犯罪的人而为其提供隐藏处所、财物，帮助其逃匿或者作假证明包庇的，处三年以下有期徒刑、拘役或者管制；情节严重的，处三年以上十年以下有期徒刑。犯前款罪，事前通谋的，以共同犯罪论处。《刑法》之所以将作假证的行为定义为犯罪行为，是因为在刑事案件中，作假证会严重影响刑事侦查、起诉、审判，可能导致对与案件有重要关系的情节无法查证，甚至导致法院错判，因此，必须从法律的角度予以禁止。本案中的王某明知刘某属于交通肇事逃逸，却作假证对刘某的犯罪行为进行包庇，依照上述相关法律的规定，王某的行为构成犯罪，需受到相应的处罚。

法 条

《中华人民共和国刑法》

第三百一十条 明知是犯罪的人而为其提供隐藏处所、财物，帮助其逃匿或者作假证明包庇的，处三年以下有期徒刑、拘役或者管制；情节严重的，处三年以上十年以下有期徒刑。

犯前款罪，事前通谋的，以共同犯罪论处。

10. 假释期间又犯新罪的如何处理？

案 情

宋某在某机械厂打工，2014 年时，宋某的父亲重病，为了筹钱，宋某多次趁仓库管理员不注意偷偷将一些老旧器械拿出去卖钱。后来东窗事发，法院以宋某触犯盗窃罪判处其 8 年有期徒刑。刑罚执行了 6 年后，宋某因表现良好被假释。当宋某回家后，却发现物是人非，不仅自己的父母先后病逝，就连自己的妻子都已经和单身汉王某建立了不正当男女关系，这让宋某感觉自尊受到了极大的伤害，于是怀恨在心，以商量离婚事宜为由，把妻子及王某骗到了住处内，将妻子及王某二人刺死。宋某还没来得及出逃，警察便将其逮捕。后来在审判过程中，宋某认为自己在实施杀害妻子及王某的行为时已经服刑完毕，所以不应当数罪并罚。那么，宋某的理由正确吗？

解　析

宋某的理由不正确，对其犯罪行为应当数罪并罚决定最后的执行刑期。假释是我国《刑法》中一个重要的刑罚执行制度，指的是被判处有期徒刑或者无期徒刑的犯罪分子，在执行了一定时间的刑罚之后，如果认真遵守监规，接受教育改造，确有悔改表现，不致再危害社会的，司法机关将其附条件地予以提前释放的一种刑罚执行制度。在假释期间，犯罪分子必须遵守刑法规定，接受公安机关的监督，实行社区矫正，假释期满，表现良好的则刑期执行结束；若再次犯新罪的，应当根据《刑法》第八十六条第一款的规定处罚，即被假释的犯罪分子，在假释考验期限内犯新罪，应当撤销假释，依照本法第七十一条的规定实行数罪并罚。所以本案中的宋某应当撤销假释，数罪并罚，被送回监狱执行刑期。

法　条

《中华人民共和国刑法》

第八十四条　被宣告假释的犯罪分子，应当遵守下列规定：

（一）遵守法律、行政法规，服从监督；

（二）按照监督机关的规定报告自己的活动情况；

（三）遵守监督机关关于会客的规定；

（四）离开所居住的市、县或者迁居，应当报经监督机关批准。

第八十五条　对假释的犯罪分子，在假释考验期限内，依法实行社区矫正，如果没有本法第八十六条规定的情形，假释考验期满，就认为原判刑罚已经执行完毕，并公开予以宣告。

第八十六条　被假释的犯罪分子，在假释考验期限内犯新罪，应当撤销假释，依照本法第七十一条的规定实行数罪并罚。

在假释考验期限内，发现被假释的犯罪分子在判决宣告以前还有其他罪没有判决的，应当撤销假释，依照本法第七十条的规定实行数罪并罚。

被假释的犯罪分子，在假释考验期限内，有违反法律、行政法规或者国务院公安部门有关假释的监督管理规定的行为，尚未构成新的犯罪的，应当依照法定程序撤销假释，收监执行未执行完毕的刑罚。

11. 私藏枪支是否属于犯罪行为？

案　情

庄某由于右腿有残疾，家里又贫苦，所以到了40岁都还没有成家。庄某有一个亲哥哥，其侄子小庄聪明伶俐，庄某对其一直视如己出。小庄19岁时便跟随同乡一起到深圳打工，已经两年多没回过家了。这天庄某正在家里干活，突然有人在叫自己叔叔，回头一看竟是小庄回来了，庄某非常高兴，做了一桌子好吃的款待侄子，酒过三巡，小庄突然从一个黑色的包里拿出了一个袋子，打开一看竟是一把手枪，庄某吓了一跳，小庄表示枪支是自己用来防身的，希望庄某能替自己保管一段时间。庄某虽然害怕，但又怕侄子拿着枪外出惹事，于是答应了侄子的请求。半个月后，警察找上了庄某，并就庄某私藏枪支的行为立案侦查。那么，本案中庄某的行为是否构成犯罪呢？

解　析

本案中庄某的行为构成犯罪。目前，我国为了防止枪支泛滥的情况发生，保证国家安全，维护社会稳定，严格实行枪支管制制度。这是保证我国绝大多数公民的人身财产安全，将犯罪行为的数量和强度都控制在有效范围内的必要措施。根据我国《刑法》第一百二十八条第一款的规定，违反枪支管理规定，非法持有、私藏枪支、弹药的，处三年以下有期徒刑、拘役或者管制；情节严重的，处三年以上七年以下有期徒刑。本案中的庄某属于“非法持有”枪支，所谓“非法持有”，是指不符合配备、配置枪支条件的人员，违反枪支管理法律、法规的规定，擅自持有枪支的行为。庄某明知其侄子交给自己的是枪支，依然违反法律规定帮助其藏匿，构成“非法持有枪支罪”，应当承担刑事责任。

法 条

《中华人民共和国刑法》

第一百二十八条第一款 违反枪支管理规定，非法持有、私藏枪支、弹药的，处三年以下有期徒刑、拘役或者管制；情节严重的，处三年以上七年以下有期徒刑。

《中华人民共和国枪支管理法》

第三条第一款 国家严格管制枪支。禁止任何单位或者个人违反法律规定持有、制造（包括变造、装配）、买卖、运输、出租、出借枪支。

第四十一条 违反本法规定，非法持有、私藏枪支的，非法运输、携带枪支入境、出境的，依照刑法有关规定追究刑事责任。

12. 高空抛物，把路人砸成重伤，是犯罪吗？

案 情

黄某是幸福花园19号楼3单元21层的住户，他因近日工作压力大，未能按时完成任务遭到老板斥责，心生不满，遂在家生闷气喝酒，并且在酒后将酒瓶从窗外扔下。方某恰巧在此时从黄某窗户正下方路过，被酒瓶砸中后头部大量出血。方某经医院鉴定为颅内损伤，陷入持续性昏迷状态，恢复意识后很有可能出现截瘫。方某在医院治疗期间产生了高额的医疗费用和营养费用。黄某除了承担民事赔偿之外，还需要负刑事责任吗？黄某的高空抛物行为，把路人砸成重伤，是犯罪吗？

解　析

最近几年，高空抛物事件频发。生活中经常会出现楼上的人往下扔垃圾致路人伤亡的案件。此外，由于科技的进步和经济的发展，城镇建筑物的高度呈现与日俱增的趋势。如果法律对高空抛物行为不加规制，那么我们的人身安全将会处于一种极大的风险状态中。因此，《刑法修正案（十一）》第二百九十一条之二第一款明确规定，高空抛掷物品，情节严重的，处一年以下有期徒刑、拘役或者管制，并处或者单处罚金。本案中，黄某作为高层住户向下抛掷易碎物品致方某重伤，符合情节严重的规定。黄某轻则会被判处一年以下有期徒刑、拘役或者管制，并处或者单处罚金，重则可能会同时构成故意伤害罪，依照处罚较重的故意伤害罪定罪处罚。

当然，《刑法修正案（十一）》第二百九十一条之二中规定“从建筑物或者其他高空抛掷物品，情节严重”，关键点在于“情节严重”。因此，在行为没有较大的人身危险性和社会危害性的前提下，行为人不会构成犯罪。比如，将一个香烟纸盒从3楼抛下就不属于前述的“情节严重”。当然《刑法》并不鼓励高空抛物的行为，但也不会惩罚所有的高空抛物行为。

法　条

《中华人民共和国刑法》

第二百九十一条之二　从建筑物或者其他高空抛掷物品，情节严重的，处一年以下有期徒刑、拘役或者管制，并处或者单处罚金。

有前款行为，同时构成其他犯罪的，依照处罚较重的规定定罪处罚。

13. 通过跟踪对方女儿的方式来催收对方所欠的高利贷，是犯罪吗？

案 情

黄某因参与赌博活动输光了自家所有的积蓄，却不想就此收手，坚信自己可以“逆风翻盘”。黄某经赌友引荐认识了高利贷放贷者任某。虽然黄某觉得从任某这里借钱利息过高，但想到这种方法省去了正规途径借款时烦琐的步骤且不需要办理抵押，也便顾不了那么多了。于是，黄某从任某处借来10万元高利贷。不料时运不济，黄某再次输光。还款日期已至，黄某仍未筹到钱。任某上门要债未果，发现黄某有一个女儿正在本镇读中学。于是，任某带着两个身高一米八五、体重80公斤的保镖对黄某女儿进行跟踪和言语恐吓。任某的跟踪行为严重影响了黄某女儿正常的学习和生活，并使其受到惊吓患上严重的精神分裂症。那么，任某这种催收高利贷的方式可以被认定为犯罪吗？

解 析

在中国，民间借贷历来是借贷市场的重要组成部分，也是正规金融机构借贷如银行信贷的必要补充。很多难以从正规金融机构贷款的中小企业或者个人选择私人贷款，更有甚者会选择私人高利贷。但在高利贷中，贷方对借方设置的高额利率严重违背了公平原则，并且当借方到期不还时贷方经常会采取暴力或变相暴力的方式来催收。因此，《刑法》第二百九十三条之一规定，跟踪、恐吓、骚扰他人催收高利放贷等产生的非法债务，情节严重的，处三年以下有期徒刑、拘役或者管制，并处或者单处罚金。本案中，任某发放高利贷产生的债权本就不受法律保护。任某为了催收采用跟踪、恐吓黄某女儿的方式致其精神分裂，属于情节严重的行为。任某触犯了《刑法》第二百九十三条之一的规定，构成犯罪。

法　条

《中华人民共和国刑法》

第二百九十三条之一　有下列情形之一，催收高利放贷等产生的非法债务，情节严重的，处三年以下有期徒刑、拘役或者管制，并处或者单处罚金：

（一）使用暴力、胁迫方法的；

（二）限制他人人身自由或者侵入他人住宅的；

（三）恐吓、跟踪、骚扰他人的。

14. 网络漫画作者在其作品中恶搞抗日英烈形象，需要承担刑事责任吗？

案　情

朱某是某二次元创作网站的当红作者，因其每日的连载漫画新颖有趣、脑洞很大而广受好评，坐拥几十万粉丝。在最新一期的作品中，朱某将某著名抗日英雄描绘成贪生怕死、贪财好色之徒，严重背离事实真相，在网络上引起轩然大波。这期漫画有上百万的转发量，一度成为网站的热门搜索，给朱某带来了很大的热度。尽管有很多网友表示朱某的漫画伤害了自己对抗日英雄的崇敬、钦佩之情，伤害了自己的爱国情感，伤害了国家利益，规劝朱某将本期漫画撤掉并进行道歉，但朱某不以为意，认为这期漫画给自己带来了丰厚物质回报，并称自己绝不会就此罢手。朱某恶搞先烈的行为是否需要承担刑事责任？

解析

随着互联网技术的发展与进步，我们拥有了前所未有的创作和展示空间。互联网也衍生了一大批新兴行业和娱乐方式，二次元创作网站本来是为有才华的人提供一个平台，同时也便于喜欢二次元文化的人能够享受更丰富的精神文明。但这并不意味着互联网是法外之地。对于英雄烈士，中华儿女有着共同的历史记忆，我们钦佩、敬仰他们。因此，《刑法》第二百九十九条之一规定，侵害英雄烈士的名誉、荣誉，损害社会公共利益，情节严重的，处三年以下有期徒刑、拘役、管制或者剥夺政治权利。本案中，朱某将抗日英雄描绘成贪生怕死之徒，背离历史事实，伤害大众的爱国情感，损害社会公共利益，造成严重后果，因此朱某需要承担刑事责任，会被判处3年以下有期徒刑、拘役、管制或者剥夺政治权利。

法条

《中华人民共和国刑法》

第二百九十九条之一　侮辱、诽谤或者以其他方式侵害英雄烈士的名誉、荣誉，损害社会公共利益，情节严重的，处三年以下有期徒刑、拘役、管制或者剥夺政治权利。

15. 冒名顶替他人上大学，是犯罪行为吗？

案　情

王某某和李某某是同班同学。2003 年两人作为应届毕业生一同参加了某省 2003 年的高考，王某某成绩为 505 分，达到某省当年的二本录取分数线，而李某某成绩为 340 分，远没有达到普通高校本科最低控制录取线。2003 年 9 月，李某某的父亲托其在公安局任局长职务的姐夫，在王某某和李某某的班主任高某某的帮助下，获得了王某某的身份证、高考成绩等相关信息，伪造了王某某的身份证、高考档案。高某某利用其班主任身份拿到了王某某的录取通知书，最终李某某代替王某某前往其报考的学校学习。王某某被迫复读后重新参加高考，在录取后前往某建设银行开通网上银行，才知其身份证被盗用，随后王某某立即就此事向某县公安机关报案。那么，冒名顶替他人上大学，是犯罪行为吗？

解　析

《刑法修正案（十一）》在原《刑法》规定的罪名之上新增了“冒名顶替”犯罪。冒名顶替罪是指行为人假冒别人的姓名，代替他人取得高等学历教育入学资格、公务员录用资格、就业安置待遇的行为。其中“盗用、冒用他人的身份”是指行为人在被害人不知情的情况下擅自使用他人的姓名等身份信息，或者以被害人的身份直接进行活动，即冒充自己是他人。“冒名顶替”的行为不仅侵犯他人姓名权，更危害其整个身份信息。

在本案中，李某某在其父亲和高某某的帮助之下，假冒王某某的身份，代替王某某进入某大学进行学习，其行为符合我国《刑法》第二百八十条之二第一款规定的“盗用、冒用他人身份，顶替他人取得的高等学历教育入学资格”的情形，属于犯罪行为。李某某的父亲托其在公安局任职的姐夫伪造了王某某的身份证信息、高考档案信息，李某某父亲符合该条第二款规定的“组织、指使他人实施‘冒名顶替’行为”的情形，其行为构成犯罪。李某某的姐夫作为某县公安局局长，属于国家工作人员，其帮助李某某实施“冒名顶替”的行为符合第三款规定的“国家工作人员实施‘冒名顶替’或者‘组织、指使他人冒名顶替’行为”的情形，其行为也构成犯罪。总之，冒名顶替他人上大学的行为构成犯罪，应承担相应的刑事责任。

法　条

《中华人民共和国刑法》

第二百八十条之二　盗用、冒用他人身份，顶替他人取得的高等学历教育入学资格、公务员录用资格、就业安置待遇的，处三年以下有期徒刑、拘役或者管制，并处罚金。

组织、指使他人实施前款行为的，依照前款的规定从重处罚。

国家工作人员有前两款行为，又构成其他犯罪的，依照数罪并罚的规定处罚。

第十三章

民事诉讼、调解与仲裁

民事诉讼、调解、仲裁是三种不同的民事纠纷解决机制，各自有不同的适用范围。其中，调解的适用范围最广泛，不仅适用于因财产关系而产生的纠纷，而且还适用于因人身关系产生的纠纷，且成本较低，能有效化解当事人之间的矛盾，因而在实践中被广泛采用，其不足之处在于随意性较大，有时不能彻底解决问题。仲裁的典型特点是可以高效地解决问题，常用于商业合同类的纠纷，其不足在于需要当事人自愿达成仲裁协议，并且仲裁的事项只能是有关财产关系的纠纷，对于因人身关系产生的民事纠纷则不能适用。民事诉讼是权利救济的最终途径，适合于任何民事纠纷，在实践中也是最常用的一种纠纷解决机制，其不足之处在于处理问题需要较长的时间。对于一个具体的民事纠纷来说，适用哪一种纠纷解决机制要视情况而定，不能一概而论。

1. 非当事人可以代为提起民事诉讼吗？

案 情

张某是一名大龄男青年，没有稳定收入，其婚姻问题也非常令人着急。后来，张某与方某在朋友的介绍下相识，经过一段时间的相处后便匆匆忙忙地结了婚。婚后没多久，亲戚还帮张某在当地开了一家超市。起初，张某非常用心经营超市，方某在家照顾公婆。可没多久，张某手中积攒了一点儿积蓄后就开始酗酒，每天都把自己灌得烂醉才回家，而且每次喝完酒回家后都会对妻子方某进行一顿毒打。方某虽然难过，但还是忍了下来。后来，方某的妹妹婷婷得知自己的姐姐被打一事，非常生气，决定向人民法院提起诉讼，要求张某与方某离婚，替姐姐方某讨回公道。请问，婷婷能代替方某提起民事诉讼吗？

解 析

在日常生活中，民事纠纷的存在是较为广泛的，如果不设定民事诉讼的起诉条件，那么可能会出现一群人参与诉讼的混乱局面，也可能有人随便找个理由就提起民事诉讼，故意妨害诉讼，造成司法资源浪费。根据我国《民事诉讼法》第一百一十九条的规定，起诉者必须与案件有直接利害关系。本案中，张某对方某进行殴打一事，虽然婷婷与方某是姐妹关系，但该事与婷婷并没有直接利害关系，这只是张某与方某之间的事情。根据我国法律规定，提起诉讼的当事人应当与案件有直接的利害关系，与案件完全没有关系的人在没有取得代理权限的情况下是无权替他人提起诉讼的。这样看来，婷婷是不能替方某提起离婚诉讼的。

但需要说明的是，为了方便当事人诉讼和维护自身的合法权益，我国法律设立了诉讼代理人制度。根据我国《民事诉讼法》第五十八条、第五十九条的规定，当事人起诉的，可以委托一人至二人作为诉讼代理人。如果当事人委托他人代为诉讼的，应当向人民法院提交有自己签名或盖章的授权委托书。也就是说，只要当事人自愿起诉的，其不必自己亲自到法院诉讼，也可以委托他人代为诉讼。

本案还有一特殊之处，即由于本案涉及的是离婚诉讼，直接关系离婚双方当事人的人身权益，因此，根据《民事诉讼法》第六十二条的规定，离婚诉讼有诉讼代理人的，本人除不能表达意思的以外，仍应出庭。

综上可以看出，方某才有权向法院提起离婚诉讼，因方某才是案件的当事人，婷婷与案件不具备直接利害关系，因此，应当由方某自己决定，并到法院起诉离婚。如果方某不愿亲自到法院提起诉讼，也可以授权委托给婷婷处理，但等人民法院开庭审理本案时，方某仍应当出庭。

法条

《中华人民共和国民事诉讼法》

第五十八条　当事人、法定代理人可以委托一至二人作为诉讼代理人。

下列人员可以被委托为诉讼代理人：

（一）律师、基层法律服务工作者；

（二）当事人的近亲属或者工作人员；

（三）当事人所在社区、单位以及有关社会团体推荐的公民。

第五十九条第一款　委托他人代为诉讼，必须向人民法院提交由委托人签名或者盖章的授权委托书。

第六十二条　离婚案件有诉讼代理人的，本人除不能表达意思的以外，仍应出庭；确因特殊情况无法出庭的，必须向人民法院提交书面意见。

第一百一十九条　起诉必须符合下列条件：

（一）原告是与本案有直接利害关系的公民、法人和其他组织；

（二）有明确的被告；

（三）有具体的诉讼请求和事实、理由；

（四）属于人民法院受理民事诉讼的范围和受诉人民法院管辖。

2. 对于已经将户口迁出本地还未落户且没有经常居住地的人，应该到哪里的人民法院提起诉讼？

案　情

2019年，家住河南省某乡镇的常某得知儿子小常找到了一位湖北省武汉市的女朋友，并决定结婚，常某认为自己孤身一人好不容易熬到儿子结婚，就想给儿子举办一个非常隆重的婚礼，于是常某就向邻居王某借了10万元用于儿子的婚礼，约定借款期为1年。后来，小常结婚后，就决定将常某接到市里居住，于是常某就搬到了市里。后来因为常某在市里找到了一份门卫的工作，还认识了襄樊市的单身女士牛某，就决定将户口迁到襄樊市。但不知什么缘故，常某在落户口时出现了一些差错，户口就没有落成。就这样，常某开始了居无定所的生活。可在这期间，常某欠王某的借款已经到期，王某多次索要未果。一开始，常某还找借口推托，可后来王某连常某电话都打不通了。于是，王某决定向法院提起诉讼，但他又不知道像这种情况该向哪个法院起诉。那么，王某该向哪个法院起诉呢？

解 析

本案涉及的是民事诉讼地域管辖的问题。根据我国《民事诉讼法》的规定，对公民提起民事诉讼的，一般应当以被告住所地作为确定管辖的标准，而住所地即户籍所在地；住所地与经常居住地不一致的，由经常居住地人民法院管辖。为了进一步明确民事诉讼的地域管辖，解决实践中存在的当事人户籍迁出时法院管辖的问题，《最高人民法院关于适用〈中华人民共和国民事诉讼法〉的解释》第七条规定，当事人的户籍迁出后尚未落户，有经常居住地的，由该地人民法院管辖；没有经常居住地的，由其原户籍所在地人民法院管辖。同时，根据《民事诉讼法》第十七条的规定，基层人民法院管辖第一审民事案件。也就是说，民事案件的一审法院应当是被告所在地的基层人民法院。本案中，常某户口迁出后尚未落户，并且没有经常居住地，所以，依法应当由其原户籍所在地的基层人民法院管辖，即河南省某乡镇所属县级人民法院管辖。因此，王某可以以此确定起诉法院。

法　条

《中华人民共和国民事诉讼法》

第十七条　基层人民法院管辖第一审民事案件，但本法另有规定的除外。

第二十一条第一款　对公民提起的民事诉讼，由被告住所地人民法院管辖；被告住所地与经常居住地不一致的，由经常居住地人民法院管辖。

《最高人民法院关于适用〈中华人民共和国民事诉讼法〉的解释》

第三条第一款　公民的住所地是指公民的户籍所在地，法人或者其他组织的住所地是指法人或者其他组织的主要办事机构所在地。

第七条　当事人的户籍迁出后尚未落户，有经常居住地的，由该地人民法院管辖；没有经常居住地的，由其原户籍所在地人民法院管辖。

3. 自家孩子被别人家小孩打伤，应该起诉谁？

案　情

强强和轩轩是邻居，两人又在同一个学校上小学。平时，二人关系还算不错，偶尔也会在一起玩耍。一日，强强与轩轩两人在小区附近的公园一起踢球，结果踢着踢着就打了起来，而且轩轩还被强强打伤了。事情的经过是这样的：两人正在踢球时，轩轩一不小心踩到了强强的脚，强强非常生气，于是便动手打了轩轩，轩轩觉得自己道歉了还被打，心里不服气便与强强厮打起来。结果二人在厮打的过程中，强强一不小心将轩轩打伤，后轩轩被送进医院抢救。事后，轩轩父母决定就轩轩被打一事向法院起诉强强，但后来又认为这事强强的父母应该负很大的责任，而且告了强强也得不到任何赔偿，所以又决定起诉强强的父母。那么，轩轩父母到底该起诉谁呢？

解 析

在很多情况下，未成年人都很容易因心智不成熟而对他人造成损害，对此监护人应该履行好监护职责，尽量避免未成年人侵害他人合法权益，同时也要在损害发生时积极承担民事责任。根据《最高人民法院关于适用〈中华人民共和国民事诉讼法〉的解释》第六十七条的规定，无民事行为能力人、限制民事行为能力人造成他人损害的，无民事行为能力人、限制民事行为能力人和其监护人为共同被告。在本案中，强强将轩轩打伤导致轩轩被送进医院抢救，强强是该案的实际侵权人，轩轩是受害人。但是，强强尚不满 18 周岁，是限制民事行为能力人，其监护人应该对该损害承担民事责任。根据我国法律的上述规定，在进行诉讼时不能仅将强强或者强强的监护人列为被告人，而应当将强强和他的监护人列为共同被告。

法 条

《最高人民法院关于适用〈中华人民共和国民事诉讼法〉的解释》

第六十七条 无民事行为能力人、限制民事行为能力人造成他人损害的，无民事行为能力人、限制民事行为能力人和其监护人为共同被告。

《中华人民共和国民法典》

第一千一百八十八条　无民事行为能力人、限制民事行为能力人造成他人损害的，由监护人承担侵权责任。监护人尽到监护职责的，可以减轻其侵权责任。

有财产的无民事行为能力人、限制民事行为能力人造成他人损害的，从本人财产中支付赔偿费用；不足部分，由监护人赔偿。

4. 在什么情况下，当事人可以申请法院调查收集证据？

案　情

董某与李某经介绍认识，相处一段时间后登记结婚。婚后，董某就到外地打工了，而李某则在老家照顾家庭。由于聚少离多，不久双方就在感情上出现问题，已经到了无法挽回的地步，经过考虑之后，双方选择离婚。但在分割家庭共同财产上发生了争议，李某认为董某在银行一直有自己的个人账户，而且这个账户里有一笔数目不小的存款，董某对此立即表示否认。可李某却不相信董某，并坚持认为董某有这笔钱，还表示如果董某一直否认，自己就向法院起诉并申请法院调查取证。请问，李某可以向法院申请调查董某在银行的账户吗？当事人通常在什么情况下可以申请法院调查收集证据？

解　析

李某可以向法院申请调查取证。根据我国《民事诉讼法》第六十四条的规定，在当事人及其诉讼代理人因客观原因不能调查取证的情况下，可以申请法院调查收集，或者人民法院为审理案件的需要可以主动依职权调取证据。法律作出如此规定是因为在有些情况下，当事人由于不具有某种身份或条件，不能通过合法手段取得证据，法律为了维护当事人的权益，赋予当事人申请调查取证或者法院依职权主动调查取证的权利。根据《最高人民法院关于适用〈中华人民共和国民事诉讼法〉的解释》第九十四条的规定，当事人申请调取证据的情况有以下几种：申请调查收集的证据属于国家有关部门保存的档案材料；涉及国家秘密、商业秘密、个人隐私的材料；当事人及其诉讼代理人确因客观原因不能自行收集的其他材料。本案中，董某的银行账户属于个人隐私，其他任何个人都没有权利私自查询。但为了保护当事人李某的利益，法院赋予了当事人李某申请调查取证的权利，也就是说李某可以申请法院调查董某银行卡中的存款数额。

法　条

《中华人民共和国民事诉讼法》

第六十四条第二款　当事人及其诉讼代理人因客观原因不能自行收集的证据，或者人民法院认为审理案件需要的证据，人民法院应当调查收集。

《最高人民法院关于适用〈中华人民共和国民事诉讼法〉的解释》

第九十四条　民事诉讼法第六十四条第二款规定的当事人及其诉讼代理人因客观原因不能自行收集的证据包括：

（一）证据由国家有关部门保存，当事人及其诉讼代理人无权查阅调取的；

（二）涉及国家秘密、商业秘密或者个人隐私的；

(三)当事人及其诉讼代理人因客观原因不能自行收集的其他证据。

当事人及其诉讼代理人因客观原因不能自行收集的证据,可以在举证期限届满前书面申请人民法院调查收集。

5. 被逼迫写下的欠条可以作为有效证据吗?

案 情

小丽家住河南省某乡镇,她还有一个双胞胎弟弟。小丽和弟弟都到了适婚年龄,但由于小丽家非常穷,几乎没有媒人到她家为姐弟俩说媒。2020 年 9 月,小丽父母为了让小丽弟弟赶紧结婚,强迫小丽和一个很有钱但根本就不爱她的男人结了婚,该男子名叫王某。小丽和王某结婚后经常吵架,小丽以前的男朋友吴某经常安慰她。虽然二人只是保持着正常的朋友关系,但王某得知小丽还和吴某有来往后非常生气,便找人对吴某进行了一番打骂,还逼迫吴某写下了 10 万元的欠条。吴某实在拿不出这么多钱来,面对此事不知如何是好。他想通过法院解决此事,但又不知道这个欠条算不算有效的证据?自己是不是真的需要偿还王某 10 万元欠款?

解 析

对于当事人呈交给法院的证据是不是有效,能不能作为定案依据使用,除对证据本身的检验外,法官的主观判断也是决定证据效力的重要因素,也就是所谓的自由心证。自由心证,是指证据的取舍和证明力的大小,法律预先不作规定,而由法官、陪审员根据内心确信进行自由判断，形成确认。虽然自由心证在我国法律中没有明确规定，但在实际的司法实践中随处可见。此外，欠条在法律意义上属于借款合同，根据《民法典》的规定，一方以胁迫的手段使对方在违背真实意思的情况下订立的合同可以撤销。但是，法官在审理案件的时候，必须以合法有效的证据对案件作出判决。本案中，如果可以证明确实是被迫写下的欠条，则该欠条自始不具有法律效力，吴某也就无须偿还王某10万元。但是，在本案中，在没有相关证据证明的情况下，该欠条究竟能否成为有效的证据，其实就取决于法官的主观认定。如果本案的审理即将结束，法官还没有作出判断，则根据我国《民事诉讼法》关于举证责任的规定，承担举证责任的一方要证明相应的事实，否则就应当承担不利后果。也就是说，吴某如果能够证明该欠条是自己受胁迫写下的，则该欠条无效；如果不能证明，就要承担不利的诉讼结果，即吴某必须承担偿还欠款10万元的法律责任。

法条

《中华人民共和国民法典》

第一百五十条 一方或者第三人以胁迫手段，使对方在违背真实意思的情况下实施的民事法律行为，受胁迫方有权请求人民法院或者仲裁机构予以撤销。

第一百五十五条 无效的或者被撤销的民事法律行为自始没有法律约束力。

《中华人民共和国民事诉讼法》

第六十四条 当事人对自己提出的主张，有责任提供证据。

……

人民法院应当按照法定程序，全面地、客观地审查核实证据。

第六十七条第二款　人民法院对有关单位和个人提出的证明文书，应当辨别真伪，审查确定其效力。

6. 法院对案件一直进行调解却不结案，是否违反法律规定？

案　情

陈某与吴某在他人介绍下认识。半年后，二人在双方父母的催促下登记结了婚。刚结婚时，两人小日子过得还算幸福，但婚后很长时间吴某一直怀不上孩子，这让陈某的父母非常着急。为此，陈某的父母看吴某是各种不顺眼，经常对吴某冷言冷语，尤其是陈某的母亲还在背地里说吴某是“不下蛋的母鸡”，吴某意外得知后非常生气，便和婆婆吵了起来。陈某得知吴某与自己母亲吵架后，不问青红皂白就与吴某吵了起来，甚至还动手打了吴某。吴某心里非常委屈，觉得这日子已经没办法过下去了，于是便向法院提起了离婚诉讼请求。法院受理该案件后，审判员认为两人的感情还在，不至于闹到离婚的地步，加上陈某一直推托不愿意离婚，于是审判员便对该案件一直进行调解，但吴某离婚的态度非常坚决，案件屡次调解均告失败。那么，法院的这种行为是否违反了法律的规定？

解　析

我国《民事诉讼法》第一百二十二条规定，当事人起诉到人民法院的民事纠纷，适宜调解的，先行调解，但当事人拒绝调解的除外。同时，本法第九条规定，人民法院审理民事案件，应当根据自愿和合法的原则进行调解；调解不成的，应当及时判决。据此可知，对于离婚纠纷、遗产纠纷等适于调解的案件，法院组织先行调解是合法合理的，但是在当事人不同意调解的情况下，或者经调解无效的情况下，法院久调不结的行为，反而会损害当事人的合法权益。并且，我国《民法典》明确规定，人民法院审理离婚案件应当进行调解；如果感情确已破裂，调解无效，应准予离婚。也就是说，对于离婚诉讼，人民法院必须进行庭前调解，但是不能久调不结，调解无效的离婚案件应当及时作出判决。调解虽然是一种化解矛盾、解决法律纠纷的有效途径，但是调解也要遵循自愿原则，兼顾办案效率。所以，本案中法院对当事人提起的离婚纠纷诉讼久调不结是违反法律规定的。

法 条

《中华人民共和国民事诉讼法》

第九条 人民法院审理民事案件，应当根据自愿和合法的原则进行调解；调解不成的，应当及时判决。

第一百二十二条 当事人起诉到人民法院的民事纠纷，适宜调解的，先行调解，但当事人拒绝调解的除外。

《中华人民共和国民法典》

第一千零七十九条 夫妻一方要求离婚的，可以由有关组织进行调解或者直接向人民法院提起离婚诉讼。

人民法院审理离婚案件，应当进行调解；如果感情确已破裂，调解无效的，应当准予离婚。

……

7. 调解书已经生效，当事人还能申请再审吗?

案　情

吴大爷有一儿一女，都已经成家立业，吴大爷一个人在老家生活。2020 年 1 月，吴大爷突然去世。去世后的吴大爷给子女们留下了 1 套房产和 10 万元现金。老人在世的时候，子女们就一直虎视眈眈地盯着吴大爷的财产，现在老人已经过世了，子女们恨不得马上得到这些遗产。可子女们在处理遗产时，却因继承问题发生纠纷，最终闹上法庭。法院受理该案件后，对该案件进行了调解。调解书生效后，吴大爷的女儿却再次拿出证据证明该调解协议是在哥哥的威胁下达成的，要求向法院申请再审。那么，调解书已经生效，还能申请再审吗?

解　析

通常而言，当事人对于调解书不服的，无法申请再审，但是法律仍对此作出了例外规定，对于违背当事人意愿和法律规定的调解书可以申请再审。根据我国《民事诉讼法》第二百零一条的规定可知，对于生效的调解书，只要当事人能够提供证据证明调解违反自愿原则或者调解协议的内容违反法律的，都可以申请再审。调解与判决不同，调解是人民法院在当事人自愿的原则下进行的，是在双方合意的前提下，法院依照法定程序对案件作出的处理结果，是当事人的真实意思表示，调解书一经双方当事人签收后即具有法律效力，当事人应当按照调解书确定的内容履行各自的义务，因此当事人通常不会申请再审，法律也不允许当事人对调解书随意申请再审。但是调解毕竟应该建立在当事人同意和合法的基础上，如果做不到这两点，就表明调解是不公正、不合法的，因此法律允许对于这种不公正的调解书申请再审，以实现法律公平正义的价值取向。本案中，如果吴大爷的女儿有证据证明调解协议是吴大爷的女儿在哥哥的威胁下达成的，不是自己的真实意思表示，违反了自愿原则，即可以申请再审。

法　条

《中华人民共和国民事诉讼法》

第九十六条　调解达成协议，必须双方自愿，不得强迫。调解协议的内容不得违反法律规定。

第九十七条　调解达成协议，人民法院应当制作调解书。调解书应当写明诉讼请求、案件的事实和调解结果。

调解书由审判人员、书记员署名，加盖人民法院印章，送达双方当事人。

调解书经双方当事人签收后，即具有法律效力。

第二百零一条　当事人对已经发生法律效力的调解书，提出证据证明调解违反自愿原则或者调解协议的内容违反法律的，可以申请再审。经人民法院审查属实的，应当再审。

8. 当事人对于涉及个人隐私的案件有要求不公开审理的权利吗?

案　情

小琪今年20岁，不仅人长得漂亮，而且聪明能干，街坊邻居都非常喜欢她，尤其是单身男同胞们，一直梦想着小琪将来能成为自己的妻子，其中，也包括李家的儿子李某。李某从小就很喜欢小琪，长大后更是对小琪念念不忘，甚至发誓这辈子非小琪不娶。但小琪却看不上他，觉得李某这个人太庸俗，太自大，拒绝了李某无数次。李某在多次被拒后心生怨念，觉得自己丢了面子，便造谣称小琪早就跟自己发生了性关系，侮辱小琪的名誉。事情发生后，小琪没有选择忍气吞声，而是将李某告上了法庭。开庭之前，小琪认为这件事关系到自己的隐私，便想向法院申请不公开审理此案。请问，小琪有权向法院申请不公开审理吗？

解　析

在我国的司法实践中，案件的审理一般都是公开进行的，公民有权旁听案件审理。审判过程的透明化，方便了人民群众对案件审理过程的监督，避免出现违法乱纪的行为，使程序严谨公正。但是，有些案件已经涉及个人隐私、商业秘密，甚至国家秘密，一旦公开审理，对当事人或是相关人士甚至国家利益都影响甚深，不公开审理，效果反而更好。因此，根据我国《民事诉讼法》第一百三十四条的规定，人民法院审理民事案件，除涉及国家秘密、个人隐私或者法律另有规定的外，应当公开进行。离婚案件，涉及商业秘密的案件，当事人申请不公开审理的，可以不公开审理。本案中，婚前性行为在农村甚至一些城市里都是很敏感的话题，一旦公开审理，对女方当事人影响会非常大。因此，小琪有权向法院申请不公开审理此案件，而法院也应当支持小琪的请求。

法 条

《中华人民共和国民事诉讼法》

第一百三十四条 人民法院审理民事案件，除涉及国家秘密、个人隐私或者法律另有规定的以外，应当公开进行。

离婚案件，涉及商业秘密的案件，当事人申请不公开审理的，可以不公开审理。

9. 能否对终审的离婚判决申请再审?

案 情

高中毕业后，马某与方某考入了同一所大学，后来又在机缘巧合下相识、相爱。大学毕业后，两人选择了先结婚后创业。婚后第 3 年，马某在事业上遇到了“瓶颈期”，每天都泡在酒吧里喝得烂醉才回家，回家后又是对方某一顿暴打，导致方某遍体鳞伤。对此，方某多次向马某提出离婚，都遭到了马某的拒绝。无奈之下，方某只好向法院提起离婚诉讼，请求法院判决两人离婚。法院经过调查和审理，最终判决马某与方某离婚。可马某却对此判决不服，提起了上诉，但二审依然维持了原判决。在这种情况下，马某还能申请再审吗?

解 析

我国《民事诉讼法》第二百零二条明确规定，当事人对已经发生法律效力的解除婚姻关系的判决、调解书，不得申请再审。此外，《最高人民法院关于适用〈中华人民共和国民事诉讼法〉的解释》第三百八十二条也规定，当事人就离婚案件中的财产分割问题申请再审，如涉及判决中已分割的财产，人民法院应当依照民事诉讼法第二百条的规定进行审查，符合再审条件的，应当裁定再审；如涉及判决中未作处理的夫妻共同财产，应当告知当事人另行起诉。也就是说，能否对离婚判决申请再审，要依据离婚案件中是否涉及财产分割问题而区别处理。一般情况下，仅仅对解除婚姻关系的离婚判决是不能申请再审的，但是涉及判决中已分割的财产的案件，则可以申请再审。本案中，马某与方某的离婚案并不涉及财产分割问题。因此，不能提请再审。

法 条

《中华人民共和国民事诉讼法》

第二百零二条 当事人对已经发生法律效力的解除婚姻关系的判决、调解书，不得申请再审。

《最高人民法院关于适用〈中华人民共和国民事诉讼法〉的解释》

第三百八十二条 当事人就离婚案件中的财产分割问题申请再审，如涉及判决中已分割的财产，人民法院应当依照民事诉讼法第二百条的规定进行审查，符合再审条件的，应当裁定再审；如涉及判决中未作处理的夫妻共同财产，应当告知当事人另行起诉。

10. 判决执行会因被执行人死亡而停止吗?

案 情

孟某与杨某虽然是一个村的对门邻居，但两人关系一直闹得很僵，平常见面根本就不说话。一天，两人又因一些鸡毛蒜皮的小事吵了起来，被其他人及时劝和后也就没再继续吵下去。但事后孟某总觉得自己吃了亏，于是趁着杨某的电动车放在门口时，故意将其损坏。杨某得知此事后，找到孟某要求其进行赔偿，却遭到了孟某的拒绝。杨某一气之下将孟某告上法庭，法院经过调查审理后，判决孟某承担对杨某的赔偿责任。但不幸的是，判决在执行过程中，孟某突发疾病去世。那么，判决执行会因此停止吗?

解 析

我国《民事诉讼法》第二百三十二条规定，作为被执行人的公民死亡的，以其遗产偿还债务。作为被执行人的法人或者其他组织终止的，由其权利义务承受人履行义务。据此可知，被执行人死亡的，执行并不会就此终结，可以以被执行人留下的遗产偿还债务。所以，本案中的杨某无须担心因孟某的死亡而造成执行停止的后果。

法 条

《中华人民共和国民事诉讼法》

第二百三十二条 作为被执行人的公民死亡的，以其遗产偿还债务。作为被执行人的法人或者其他组织终止的，由其权利义务承受人履行义务。

11. 丈夫常年在外打工不回家，妻子想要提起离婚诉讼，应该到哪个法院起诉？

案　情

陈某与丈夫刘某结婚已经4年了，但在这4年里，陈某几乎没有刘某的任何消息。事情还得从二人刚结婚时说起，4年前，陈某通过他人介绍与邻村的刘某相识，没过多久，便在双方父母的催促下结了婚。婚后，刘某便和陈某商量着到外地打工，想着能够多挣些钱，陈某同意了。但令陈某没想到的是，刘某这一去竟然再也没有回来过，只是逢年过节的时候会往家里打个电话，但对陈某的生活从来不闻不问，这让陈某感到心灰意冷，无奈之下，陈某便想和刘某离婚，但又很难联系上刘某，只好准备向法院提起离婚诉讼。那么，陈某应该到哪个法院提起离婚诉讼呢？

解　析

按照我国《民事诉讼法》关于法院管辖的规定，一般管辖的原则为“原告就被告”，即原告需要到被告所在地的法院提起民事诉讼。但实际生活中有很多像本案中的情况，因为各种原因原告无法联系到被告，或者到被告所在地诉讼成本和难度较大，考虑到这些情况，《最高人民法院关于适用〈中华人民共和国民事诉讼法〉的解释》第十二条第一款规定，夫妻一方离开住所地超过一年，另一方起诉离婚的案件，可以由原告住所地人民法院管辖。由此可知，对于离婚诉讼的当事人来说，如果一方离开住所地已经超过一年，另一方想要离婚的，可以到自己所在地法院提起离婚诉讼。在本案中，刘某离开住所地已经4年，所以陈某可以依法在自己住所地人民法院起诉离婚。

法 条

《最高人民法院关于适用〈中华人民共和国民事诉讼法〉的解释》

第十二条 夫妻一方离开住所地超过一年，另一方起诉离婚的案件，可以由原告住所地人民法院管辖。

夫妻双方离开住所地超过一年，一方起诉离婚的案件，由被告经常居住地人民法院管辖；没有经常居住地的，由原告起诉时被告居住地人民法院管辖。

12. 当事人死亡，其继承人参与诉讼后，之前的诉讼行为还有效吗？

案 情

方某是某工厂的退休职工，妻子早年去世，独生子方某浩于2019年8月结婚，婚后与方某同住。某日，方某在遛弯时遇见了邻居王某。两人之前关系就不是很好，这次一见面就吵了起来，而且越吵越凶，甚至动起了手，最后在他人的劝解下才散开。方某回到家后血压就升了起来，不得已去医院住了一个多星期，花费了几千元钱。事后，方某越想心里越不顺，一气之下便将王某告上了法庭。法院受理该案后进行调查审理，可就在诉讼期间，方某又因突发性脑溢血意外去世。因此，只好由方某的儿子方某浩参与诉讼。可方某浩不懂法律，他不知道父亲之前的诉讼行为是否还有效？

解　析

根据《最高人民法院关于适用〈中华人民共和国民事诉讼法〉的解释》第五十五条的规定，在诉讼中，一方当事人死亡，需要等待继承人表明是否参加诉讼的，裁定中止诉讼。人民法院应当及时通知继承人作为当事人承担诉讼，被继承人已经进行的诉讼行为对承担诉讼的继承人有效。

在诉讼中，当事人死亡后由当事人的继承人作为当事人继续进行诉讼行为的情况，称作诉讼权利义务的承担，又称作诉讼承担。根据法律规定，在参加诉讼时如果出现当事人死亡的情况，其生前的诉讼行为是有效的，继承人可以进行诉讼承担。本案中，方某浩的父亲在诉讼中不幸去世，方某浩可作为其父亲的儿子也是继承人继续参加诉讼，在这种情况下，方某生前的诉讼行为是有效的。

法　条

《最高人民法院关于适用〈中华人民共和国民事诉讼法〉的解释》

第五十五条　在诉讼中，一方当事人死亡，需要等待继承人表明是否参加诉讼的，裁定中止诉讼。人民法院应当及时通知继承人作为当事人承担诉讼，被继承人已经进行的诉讼行为对承担诉讼的继承人有效。

13. 仲裁协议在纠纷产生后才达成还有效吗？

案 情

徐某出生在农村，因为家中经济条件不好，他高中毕业后就和父亲进城做建筑工了。徐某不甘心一辈子做建筑工，打了几年零工后，就和同学成立了兴旺建筑公司。徐某的实践经验和同学的管理方法使得兴旺公司发展得越来越好，渐渐在业界小有名气。2020 年年初，红星公司主动找上兴旺公司签订了一份建造宿舍楼的合同，双方一直按合同办事，工程也进行得十分顺利，但是在宿舍楼即将封顶的时候双方发生了纠纷。双方几经协商无法解决，最后两公司觉得走诉讼程序金钱、时间成本高，决定签订仲裁协议，由兴旺公司所在地的仲裁委员会进行仲裁。请问，仲裁协议在纠纷产生后才达成有效吗？

解 析

仲裁协议是指双方当事人自愿将他们之间已经发生或者可能发生的争议，协商提交仲裁委员会解决的书面文书。仲裁协议是建立在双方当事人平等、自愿、协商、互利的基础上，是双方当事人共同的意思表示，是他们同意将争议提交仲裁委员会解决的一种书面形式，也是申请仲裁的必备条件。《仲裁法》第十六条第一款规定，仲裁协议包括合同中订立的仲裁条款和以其他书面方式在纠纷发生前或者纠纷发生后达成的请求仲裁的协议。这说明当事人的争议无论是已经发生的，还是将来可能发生的，双方都可以协商约定提交仲裁。由此可见，仲裁协议不是必须在争议发生前达成，法律对其达成的时间没有特别约定，不管是争议发生前还是争议发生后，只要是当事人自愿达成即可。本案中，兴旺公司与红星公司发生合同纠纷，双方当事人自愿达成仲裁协议，该协议即发生效力。

法　条

《中华人民共和国仲裁法》

第十六条第一款　仲裁协议包括合同中订立的仲裁条款和以其他书面方式在纠纷发生前或者纠纷发生后达成的请求仲裁的协议。

14. 仲裁协议中只约定“在上海仲裁”而未选定具体的仲裁委员会，该约定效力如何？

案　情

甲公司以生产某种精密仪器的零件为主，因该公司在此零件上具有独特的生产工艺，市面上 90% 的精密仪器都使用该公司的零件，所以公司生意一直不错。最近，由于甲公司生产该零件的设备老化，公司管理层决定更新生产设备。经过考察，甲公司选择了乙公司生产的设备，双方就该设备买卖达成协议，同时，又就合同履行中发生纠纷的处理方式签订了仲裁协议。结果，乙公司违反了 3 个月内提供所需设备的约定，甲公司按仲裁协议约定准备提起仲裁时，这才发现不知道该向哪个仲裁委员会提起。原来甲、乙两公司在仲裁协议中约定的是“如果双方就合同履行产生经济纠纷，在上海仲裁”，可甲公司发现上海市有多个仲裁委员会。请问，该仲裁协议是否有效？甲公司还能否提起仲裁？

解 析

面对已经发生或者将来可能发生的纠纷，双方当事人可以签订纠纷解决的方式，而仲裁解决方式因其高效、便捷，省时省力，已经成为一种越来越重要的纠纷解决方式。当事人提起仲裁申请的前提是，必须存在一份合法有效的仲裁协议，它是仲裁制度的基石，没有仲裁协议，仲裁制度是不存在的。那么，一份合法有效的仲裁协议需要具备哪些内容呢？根据《仲裁法》第十六条第二款的规定，仲裁协议应当具有请求仲裁的意思表示、仲裁事项、选定的仲裁委员会。由此可知，仲裁协议生效的要件之一是“选定的仲裁委员会”。所谓“选定的仲裁委员会”，是指根据仲裁协议的内容，可以确定唯一一个有效的仲裁委员会。本案中的甲公司和乙公司，在仲裁协议中只约定“如果双方就合同履行产生经济纠纷，在上海仲裁”，而上海有多个合法成立的仲裁委员会，因而，两公司实际上并没有选定具体的仲裁委员会，这份仲裁协议也因没有选定的仲裁委员会而归于无效，甲公司当然也就无法据此提出仲裁。当然，《仲裁法》第十八条还针对仲裁协议对仲裁事项或者仲裁委员会没有约定或者约定不明确的情形作出规定，即当事人可以补充协议；达不成补充协议的，仲裁协议无效。所以，当这份仲裁协议无效后，双方如果仍自愿通过仲裁方式解决争议，可以重新达成仲裁协议。如果无法申请仲裁，当事人也可以通过诉讼方式解决。

法　条

《中华人民共和国仲裁法》

第十六条第二款　仲裁协议应当具有下列内容：

（一）请求仲裁的意思表示；

（二）仲裁事项；

（三）选定的仲裁委员会。

第十八条　仲裁协议对仲裁事项或者仲裁委员会没有约定或者约定不明确的，当事人可以补充协议；达不成补充协议的，仲裁协议无效。

15. 双方达成仲裁协议时，一方向人民法院起诉，法院会受理吗?

案　情

唐某和朋友一起成立了一家服装贸易公司——永恒服装贸易公司，该公司在唐某的打理下业绩节节攀升。后来，他们准备扩大经营，但是手中资金有限，于是就开始寻找投资公司。经过对各个投资公司的观察和研究，永恒服装贸易公司和B公司签订了投资协议。双方签订合作协议的时候补充约定，如果在合同履行过程中出现纠纷即提请B公司所在地的仲裁委员会仲裁。后B公司不按协议履行自己的义务，永恒服装贸易公司打算采取法律手段维护自己的权益，但其认为自己与B公司之间的纠纷采取仲裁解决会对自己不利，就向B公司所在地的法院提起了诉讼。请问，在有仲裁协议的情况下，法院会受理永恒服装贸易公司的诉讼请求吗?

解 析

仲裁和诉讼是解决纠纷、争议的两种不同方式，仲裁依靠仲裁机构，而诉讼通过人民法院。法院和仲裁机构解决纠纷的机制和程序各不相同，法院行使国家所赋予的审判权，向法院起诉不需要双方当事人在诉讼前达成协议，只要一方当事人向有审判管辖权的法院起诉，经法院受理后，另一方就必须应诉；但仲裁机构通常是民间团体性质，其受理案件的管辖权来自双方协议，没有协议就无权受理，当事人自愿达成的仲裁协议就是仲裁机构管辖权的来源。由于仲裁和诉讼均可以化解纠纷，当事人可以选择仲裁，也可以选择诉讼。然而，如果当事人之间已经达成了有效的仲裁协议，那么，法院还能否管辖该案件呢？对此，我国《仲裁法》第五条明确规定，当事人达成仲裁协议，一方向人民法院起诉的，人民法院不予受理，但仲裁协议无效的除外。由此可知，当事人双方有仲裁协议的，人民法院一般不予受理，只有仲裁协议无效时才会受理。这说明，仲裁有排除诉讼的作用，这是仲裁契约性的体现，也是民事纠纷尊重当事人意愿的表现。但是，如果法院受理案件时并不知道仲裁协议的存在呢？按照《仲裁法》第二十六条的规定，当事人达成仲裁协议，一方向人民法院起诉未声明有仲裁协议，人民法院受理后，另一方在首次开庭前提交仲裁协议的，人民法院应当驳回起诉，但仲裁协议无效的除外；另一方在首次开庭前未对人民法院受理该案提出异议的，视为放弃仲裁协议，人民法院应当继续审理。也就是说，法院是否审理该争议以法院知晓仲裁协议的存在与否为前提，因当事人未声明有仲裁协议而立案受理的，对方当事人如果选择提交仲裁协议，则法院驳回原告起诉；如果对方当事人未提交仲裁协议，则视为其同意法院的受理，法院即有权审理该案。因此，本案中永恒服装贸易公司和B公司达成了仲裁协议，永恒服装贸易公司理应以仲裁方式解决纠纷，除非仲裁协议无效，法院才会受理该争议。但永恒服装贸易公司认为仲裁对自己不利，而向法院提出诉讼，如果法院不知道仲裁协议的存在而立案受理，在首次开庭前B公司提交仲裁协议的，法院就会驳回永恒服装贸易公司的诉讼请求；但如果B公司并未就法院的管辖提出异议，那么，视为其放弃仲裁协议，法院就会继续审理该案。

法　条

《中华人民共和国仲裁法》

第五条　当事人达成仲裁协议，一方向人民法院起诉的，人民法院不予受理，但仲裁协议无效的除外。

第二十六条　当事人达成仲裁协议，一方向人民法院起诉未声明有仲裁协议，人民法院受理后，另一方在首次开庭前提交仲裁协议的，人民法院应当驳回起诉，但仲裁协议无效的除外；另一方在首次开庭前未对人民法院受理该案提出异议的，视为放弃仲裁协议，人民法院应当继续审理。

16. 对仲裁决定不服，要求再仲裁的，符合法律规定吗？

案　情

邓某大学毕业后，没有和同学们一样选择进大公司工作，而是回到了自己的家乡，打算自主创业。邓某的家乡盛产棉花，父亲退休前又是纺织厂的厂长，于是他就在父亲的鼓励下成立了一家纺织厂。纺织厂成立后，很快就在业内站稳了脚跟。2020 年年初，该纺织厂和某服装厂达成合作共识，并约定如在合同履行过程中发生纠纷由服装厂所在地的仲裁委员会仲裁。后来，果然发生纠纷，双方按约定向服装厂所在地的仲裁委员会申请仲裁。仲裁裁决出来后，邓某以仲裁裁决不公为由向该仲裁委员会申请再次仲裁，却遭到拒绝。邓某想知道，为什么再次申请仲裁会遭到拒绝？

解 析

仲裁作为一种解决财产权益纠纷的民间性裁判方式，它既不同于解决同类争议的司法、行政途径，也不同于人民调解委员会的调解和当事人的自行和解。在我国，仲裁实行一裁终局制度，仲裁裁决一经仲裁庭作出即发生法律效力。所谓一裁终局制度，是指申请仲裁的纠纷经仲裁机构仲裁后，作出的裁决立即发生法律效力，当事人不得就同一纠纷再申请仲裁或者向法院提起诉讼。对此，我国《仲裁法》第九条第一款明确规定，仲裁实行一裁终局的制度。裁决作出后，当事人就同一纠纷再申请仲裁或者向人民法院起诉的，仲裁委员会或者人民法院不予受理。仲裁制度的特点就是高效、便捷，而一裁终局制度恰好可以使当事人之间的纠纷迅速得以解决。本案中，纺织厂和服装厂的经济纠纷已经由服装厂所在地的仲裁委员会仲裁解决，仲裁裁决一经作出即发生法律效力，对双方当事人都产生法律约束力，双方当事人都应当遵守。即使纺织厂认为裁决结果不公，再就同一事实同一理由再向仲裁机构申请仲裁或者向人民法院起诉，仲裁机构或人民法院也将不予受理。

法条

《中华人民共和国仲裁法》

第九条 仲裁实行一裁终局的制度。裁决作出后，当事人就同一纠纷再申请仲裁或者向人民法院起诉的，仲裁委员会或者人民法院不予受理。

裁决被人民法院依法裁定撤销或者不予执行的，当事人就该纠纷可以根据双方重新达成的仲裁协议申请仲裁，也可以向人民法院起诉。

17. 人民调解协议可以不履行吗?

案情

叶某家住郊区，他一直在城里打工补贴家用。这几年，由于经济发展，叶某家附近新建了工厂，叶某也就不再进城打工了，而是在家附近的一家食品加工厂干活。但是好景不长，在一次工作中叶某右手食指被机器切断了，工友们连忙把他送进了医院。经过精心治疗，叶某康复出院。后来，食品厂和叶某在人民调解委员会的调解下就叶某的损害达成了调解协议，由食品厂一次性赔偿叶某 10 万元，双方均在调解协议上签字盖章。后来，食品厂一直借口厂内资金紧张，拒不支付叶某赔偿款，于是，他就向法院提起了诉讼。请问，人民调解协议是必须履行的吗?

解析

人民调解协议是指双方当事人发生民事纠纷时，在平等、自愿的基础上，经人民调解委员会调解达成的，以民事权利义务为内容并由双方当事人签字或者盖章的书面协议。人民调解也是化解纠纷、矛盾的一种方式，因此达成的调解协议具有法律效力，对双方当事人均具有约束力，当事人应当按照约定履行。但是，根据《人民调解法》第三十二条的规定，经人民调解委员会调解达成调解协议后，当事人之间就调解协议的履行或者调解协议的内容发生争议的，一方当事人可以向人民法院提起诉讼。由此可见，调解协议虽具有法律约束力，但不具有绝对的法律强制力，一方有异议向人民法院起诉，则调解协议的效力消失。需要注意的是，根据《人民调解法》第三十三条第一款、第二款的规定，经人民调解委员会调解达成调解协议后，双方当事人认为有必要的，可以自调解协议生效之日起三十日内共同向人民法院申请司法确认，人民法院应当及时对调解协议进行审查，依法确认调解协议的效力。人民法院依法确认调解协议有效，一方当事人拒绝履行或者未全部履行的，对方当事人可以向人民法院申请强制执行。也就是说，人民调解协议经人民法院司法确认程序确定后，即具有与生效裁判文书同等的法律效力，具有强制履行的效力，一方当事人拒绝履行或者未全部履行的，对方当事人可以直接向法院申请强制执行。综上所述，本案中，叶某和食品厂的调解协议只是由双方当事人签字盖章，并未经过法院的确认，其只具有法律约束力，不具有绝对的法律强制力。现在叶某就调解协议的内容有异议，根据《人民调解法》第三十二条的规定，可以向法院提起诉讼。

法　条

《中华人民共和国人民调解法》

第三十二条　经人民调解委员会调解达成调解协议后，当事人之间就调解协议的履行或者调解协议的内容发生争议的，一方当事人可以向人民法院提起诉讼。

第三十三条　经人民调解委员会调解达成调解协议后，双方当事人认为有必要的，可以自调解协议生效之日起三十日内共同向人民法院申请司法确认，人民法院应当及时对调解协议进行审查，依法确认调解协议的效力。

人民法院依法确认调解协议有效，一方当事人拒绝履行或者未全部履行的，对方当事人可以向人民法院申请强制执行。

人民法院依法确认调解协议无效的，当事人可以通过人民调解方式变更原调解协议或者达成新的调解协议，也可以向人民法院提起诉讼。

第十四章

环境保护与资源利用

改革开放以来，我国经济高速发展，尤其是工业发展更为迅猛，然而这一工业化进程也带来了诸多问题，环境污染与破坏尤为严重。面临这一形势，我国提出了可持续发展的战略。生态环境保护是功在当代、利在千秋的事业，我们要清醒地认识到治理环境污染的紧迫性和艰巨性，以及加强生态文明建设的重要性和必要性。对于经济社会的发展，我们既要金山银山，又要绿水青山，绿水青山就是金山银山。不仅国家要在环境保护方面加强立法和执法力度，我们每个公民作为社会中的一员，都要树立环境保护意识，运用法律来捍卫自己的合法权益，确保自己不因环境破坏而受到损害，并且积极参与到保护环境的活动中去，齐心协力构建美丽中国。

1. 哪些主体可以就环境污染提起公益诉讼?

案　情

某村位于一个风景区附近，这里空气清新、风景秀丽。但是两年前，这里开了一家碳素制品厂，从此，这个村庄就被黑烟和粉尘笼罩，屋顶是黑的、山上的树是黑的、树叶是黑的，就连周围的土地都是黑的。大量的粉尘影响了植物的生长，地里的庄稼也遭了殃，原本应该排列规则的玉米粒却大小不一、杂乱排列，有的甚至还出现了畸形；水稻的孢粉由于被粉尘盖住，严重减产。更有甚者，一些村民年纪轻轻就得了气管炎。村民们苦不堪言，几次找当地环保局投诉，但情况并没有得到改善，因此，他们便想通过诉讼的方式解决。那么，请问村民能够就环境污染进行诉讼吗？哪些主体可以就环境污染提起公益诉讼呢？

解　析

村民不能就环境污染进行诉讼。根据我国《民事诉讼法》第五十五条的规定，对于损害社会公共利益的环境污染行为，人民检察院、法律规定的机关和有关组织才可以向人民法院提起诉讼。同时，《环境保护法》第五十八条对环境公益诉讼的有关组织作出了具体的规定，只有依法在设区的市级以上人民政府民政部门登记并专门从事环境保护公益活动连续5年以上且无违法记录的社会组织才能针对环境提起公益诉讼。在没有机关和组织起诉的情况下，人民检察院也可以依法提起诉讼。由此可知，我国法律排除了公民个人提起环境民事公益诉讼的资格，这是考虑到环境污染虽然会侵犯到个人利益，但更主要的是表现为一种对公众利益的损害。而且，我国环境民事公益诉讼的被告大多为背景比较复杂的企业，环保组织相对于公民而言，在人力、物力、财力上更具优势，其专业性强，信息来源广，社会责任感强，能够切实起到维护公众利益的效果。因此，法律将提起环境公益诉讼的权利赋予这些专门性的组织，以更好地实现环境保护的社会效果。本案中，村民是不能提起环境污染诉讼的，只有依法在设区的市级以上人民政府民政部门登记并专门从事环境保护公益活动连续5年以上且无违法记录的社会组织才能针对环境提起公益诉讼。在没有机关和组织起诉的情况下，人民检察院也可以依法提起诉讼。当然，这并非说村民就无法提起诉讼，因该厂环境污染的行为而受到损害的农民，可以依法提起侵权诉讼，主张该厂承担侵权损害赔偿责任，以保护自己的合法权益。

法　条

《中华人民共和国民事诉讼法》

第五十五条　对污染环境、侵害众多消费者合法权益等损害社会公共利益的行为，法律规定的机关和有关组织可以向人民法院提起诉讼。

人民检察院在履行职责中发现破坏生态环境和资源保护、食品药品安全领域侵害众多消费者合法权益等损害社会公共利益的行为，在没有前款规定的机关和组织或者前款规定的机关和组织不提起诉讼的情况下，可以向人民法院提起诉讼。前款规定的机关或者组织提起诉讼的，人民检察院可以支持起诉。

《中华人民共和国环境保护法》

第五十八条　对污染环境、破坏生态，损害社会公共利益的行为，符合下列条件的社会组织可以向人民法院提起诉讼：

（一）依法在设区的市级以上人民政府民政部门登记；

（二）专门从事环境保护公益活动连续五年以上且无违法记录。

符合前款规定的社会组织向人民法院提起诉讼，人民法院应当依法受理。

提起诉讼的社会组织不得通过诉讼牟取经济利益。

2. 环境污染案件的诉讼时效是多久？

案　情

2016 年 2 月，佳兴油气公司为修建深能公司工程，经批准在老人沙下游定点抽沙。因老人沙下游有不少水产养殖户，所以，市管委会要求佳兴油气公司必须在距养殖基地 600 米以外的地方抽沙。然而，在抽沙过程中，若抽沙船流动作业，有时会超出批准的抽沙范围，因此，抽沙船必须严格按照批准的范围作业。但是，由于佳兴油气公司需要大量的沙土，便在抽沙范围上做起了文章。其很快也受到了水产局的处罚和村民的驱赶，但佳兴油气公司仍然心存侥幸。2016 年 8 月，李某在老人沙滩涂养殖的 80 亩文蛤，出现死亡的现象。李某养殖文蛤的数量和密度都符合要求，他实在不知道文蛤死亡的原因，情急之中，他请了水产研究所的人来检测，结果发现，文蛤带有病毒，至于病毒的起因，可能是抽沙使生态环境遭受了破坏。2017 年

4月，李某申请市管委会责成佳兴油气公司赔偿，但之后一直没有音讯。2020年2月，李某听闻王某将同样的事告到了法院，并赢了官司，便也向法院起诉。但在诉讼过程中，佳兴油气公司辩称李某的诉讼已过时效，请求驳回李某的诉讼请求。那么，该案是否已过诉讼时效？环境污染案件的诉讼时效是多久？

解　析

根据《环境保护法》第六十六条的规定，提起环境损害赔偿诉讼的时效期间为三年，从当事人知道或者应当知道受到污染损害时起计算。对于环境侵权案件延长诉讼时效期限，这既符合现实需要，也更加有利于保护被害人的利益。本案因为抽沙导致生态环境改变，因而导致李某养殖的文蛤死亡的事实，属于环境污染案件，其诉讼时效是3年，从当事人知道或应当知道受污染损害时起计算。2016年8月，在文蛤出现大量的非正常死亡时，李某应当知道自己的权利受到了侵害，本案的诉讼时效应从此时算起。但李某于2017年4月向管委会提出赔偿申请，产生了中断诉讼时效的效果，本案的诉讼时效应从2017年4月重新计算，按照3年诉讼时效的规定，应至2020年4月时止。因此，本案中李某于2020年2月起诉，未过诉讼时效，佳兴油气公司的抗辩理由不成立。

法　条

《中华人民共和国环境保护法》

第六十六条　提起环境损害赔偿诉讼的时效期间为三年，从当事人知道或者应当知道其受到损害时起计算。

3. 企业破坏生态后，一直拖着不修复，这种情况该怎么办？

案　情

在某乡镇，某化工厂的一处排水口直接向河流排放未经处理的生产污水，而此处系某饮用水水源地二级保护区。该排水口涌出的黑水很浓稠，还伴有一股刺激性的恶臭味，如果到了雨水少的季节，整条河流都是黑的，更脏更臭。后来，此事被群众举报到当地环保部门。环保部门对某化工厂进行立案调查，责令其对排污设备进行整改，并要求其在一个月内对破坏的生态环境开始进行修复。一个月后，某化工厂没有开始进行任何修复工作，也没有投入任何用于修复的资金。那么，企业破坏生态后，一直拖着不修复，这种情况该怎么办？

解　析

修复生态环境，就是要使被损害的生态环境恢复到损害未发生时的状态和功能。在实际生产生活中，很多污染企业或者个人破坏生态后，由于各种原因一直拖着不修复，这时，根据《民法典》第一千二百三十四条的规定，可以由有关部门或者有关部门委托的第三方进行修复，费用由污染企业或个人承担。

需要注意的是，所谓生态环境修复问题，是指在生态环境可以修复的情形下进行的。有些时候，生态环境破坏严重，难以恢复或者需要很长的岁月才可以恢复的，这样的情形则直接要求破坏生态环境的企业或个人等依照《民法典》第一千二百三十五条的规定承担相应的损失和费用即可。

在本案中，某化工厂排污直接污染了当地的饮用水水源地二级保护区，是严重破坏生态的违法行为。在确定河水能够修复的情况下，应当对其进行修复。如果某化工厂在环保部门指定的期限内没有对破坏的生态环境进行修复，环保部门可以自行修复或者委托第三方进行修复，费用由该化工厂承担。

法 条

《中华人民共和国民法典》

第一千二百三十四条 违反国家规定造成生态环境损害，生态环境能够修复的，国家规定的机关或者法律规定的组织有权请求侵权人在合理期限内承担修复责任。侵权人在期限内未修复的，国家规定的机关或者法律规定的组织可以自行或者委托他人进行修复，所需费用由侵权人负担。

第一千二百三十五条 违反国家规定造成生态环境损害的，国家规定的机关或者法律规定的组织有权请求侵权人赔偿下列损失和费用：

（一）生态环境受到损害至修复完成期间服务功能丧失导致的损失；

（二）生态环境功能永久性损害造成的损失；

（三）生态环境损害调查、鉴定评估等费用；

（四）清除污染、修复生态环境费用；

（五）防止损害的发生和扩大所支出的合理费用。

4. 运输渣土时，敞篷不盖苫布，是违法行为吗?

案　情

小林的家在江城。近几年，江城先后开展了“文明城市、卫生城市、历史文化名城”等创建工作，城市形象大为改观，但仍有很多不文明的现象。尤其是这几年，城郊道路上经常有装满渣土的大货车驶过，而且很多货车运输渣土时，敞篷不盖苫布，部分路段路面残留着渣土，渣土被碾轧后固结在路面，形成了大小不一的各色斑点。而且，每有车辆驶过，都会灰尘四起，不禁让人掩鼻。尤其是住在大道两边的居民，更是饱受尘土的困扰，小林在新明大道上开办着一个超市，大货车一驶过，新进的货物表面很快就会盖上一层灰，顾客反应强烈。小林也向环保和城管部门举报过，而且环保和城管部门也加强了管理，但效果一直不佳。小林想知道，现在正在提倡依法治国，而大货车运输渣土时，敞篷不盖苫布，是否是违法行为呢?

解　析

运输渣土时，敞篷不盖苫布，确实是违法行为。城市灰尘污染同大气污染、光污染、噪声污染一样，其对环境的危害已被越来越多的人所认识。灰尘污染在城市中普遍存在，有自然原因，但更多的是人为所致。灰尘对环境和人体健康的侵害极大，因此，法律对于灰尘的预防和治理作出了明确规定，我国《大气污染防治法》规定，运输煤炭、垃圾、渣土、砂石、土方、灰浆等散装、流体物料的车辆应当采取密闭或者其他措施防止物料遗撒造成扬尘污染，对于没有采取措施的，由县级以上地方人民政府确定的监督管理部门责令改正，处2000元以上20000元以下的罚款；拒不改正的，车辆不得上道路行驶。因此，法律是明令禁止运输渣土敞篷不盖苫布的，违反规定的将受到相应的行政处罚。本案中，大货车运输渣土时，敞篷不盖苫布，极易遗撒灰尘，对环境和人体的危害极大，为法律所禁止，是违法行为，必须及时改正，否则将被禁止上路行驶。

法条

《中华人民共和国大气污染防治法》

第七十条 运输煤炭、垃圾、渣土、砂石、土方、灰浆等散装、流体物料的车辆应当采取密闭或者其他措施防止物料遗撒造成扬尘污染，并按照规定路线行驶。

装卸物料应当采取密闭或者喷淋等方式防治扬尘污染。

城市人民政府应当加强道路、广场、停车场和其他公共场所的清扫保洁管理，推行清洁动力机械化清扫等低尘作业方式，防治扬尘污染。

第一百一十六条 违反本法规定，运输煤炭、垃圾、渣土、砂石、土方、灰浆等散装、流体物料的车辆，未采取密闭或者其他措施防止物料遗撒的，由县级以上地方人民政府确定的监督管理部门责令改正，处二千元以上二万元以下的罚款；拒不改正的，车辆不得上道路行驶。

5. 接到环境污染举报，相关部门应该对举报人的信息保密吗？

案　情

某市根据国家节能减排，绿色环保的精神，对一些高能耗、高污染的企业进行整治，于是一些企业就把工厂转移至农村地区。某塑料袋加工企业为了应对上级检查，便把废旧包装袋的颗粒加工厂迁移至农村。这个工厂在加工过程中，会散发出大量的气体，刺鼻的化学气味散布空中，污水遍地流，严重影响了当地居民的生活环境和生活质量，村民们在忍无可忍的情况下，向县环保局举报。可是刚举报，县环保局就把举报人的信息告知了该厂的负责人，负责人找到举报人，对其进行了恐吓和要挟，全村人都十分气愤。那么，接到环境污染举报，相关部门应该对举报人的信息保密吗？

解　析

对于举报环境污染行为的，相关部门应该对举报人的信息保密。根据我国《环境保护法》第五十七条的规定，公民、法人和其他组织发现任何单位和个人有污染环境和破坏生态行为的，有权向环境保护主管部门或者其他负有环境保护监督管理职责的部门举报……接受举报的机关应当对举报人的相关信息予以保密，保护举报人的合法权益。在现实生活中，一些高污染企业的背景比较复杂，在各大相关行政部门都能找到“关系人”，而举报人往往是深受其害、势单力薄的公民，一旦相关部门将举报人的信息告知被举报人，举报人往往会面临着被恐吓威胁、打击报复的不利境况，不利于公众对破坏生态环境行为的监督，生态环境保护的机制也会受到极大削弱。因此，我国法律明确规定，相关部门要对举报人的信息保密。本案中，村民向县环保局举报污染企业，县环保局应当对举报人的信息保密，将举报人的信息告知污染企业是违法的。

法 条

《中华人民共和国环境保护法》

第五十七条 公民、法人和其他组织发现任何单位和个人有污染环境和破坏生态行为的，有权向环境保护主管部门或者其他负有环境保护监督管理职责的部门举报。

公民、法人和其他组织发现地方各级人民政府、县级以上人民政府环境保护主管部门和其他负有环境保护监督管理职责的部门不依法履行职责的，有权向其上级机关或者监察机关举报。

接受举报的机关应当对举报人的相关信息予以保密，保护举报人的合法权益。

6. 环境日是哪一天？

案 情

刘大爷在某国有企业工作了将近30年，2018年，刘大爷退休。由于近几年的身体状况不太好，于是刘大爷每天都进行锻炼，并加入了一个打太极的社团。2020年6月初，社团准备进行一次活动，刘大爷负责联系场地。这天刘大爷来到某广场查看场地，看到这里有很多人，刘大爷便上前一探究竟，原来是居委会为了响应党和国家保护环境的号召，支持市里进行“文明城市、绿色城市”的创建，增强公民的环保意识，举办“改善环境质量 推动绿色发展”的活动。这时，有一位工作人员面带微笑上前来，请刘大爷做一份问卷，刘大爷欣然同意了。问卷的第一个问题就是：“环境日是哪一天？”刘大爷知道很多节日，但是环境日是哪一天还真把他给难住了，你能帮他解答一下吗？

解 析

环境日是每年的6月5日。我国《环境保护法》第十二条规定，每年6月5日为环境日。自20世纪60年代以来，世界范围内的环境污染与生态破坏日益严重，环境问题和环境保护逐渐为国际社会所关注。1972年6月5日，联合国在瑞典首都斯德哥尔摩举行第一次人类环境会议，通过了著名的《人类环境宣言》及保护全球环境的“行动计划”，提出“为了这一代和将来世世代代保护和改善环境”的口号。这是人类历史上第一次在全世界范围内研究保护人类环境的会议。出席会议的113个国家和地区的1300名代表建议将大会开幕日定为“世界环境日”。同年，第27届联合国大会根据斯德哥尔摩会议的建议，决定成立联合国环境规划署，并确定每年的6月5日为世界环境日，要求联合国机构和世界各国政府、团体在每年6月5日前后举行保护环境、反对公害的各类活动。联合国环境规划署也在这一天发表有关世界环境状况的年度报告。2020年，环境日主题为“关爱自然，刻不容缓”，中国主题为“美丽中国，我是行动者”，以引导社会各界践行绿色发展理念，从身边小事做起，共同履行环保责任。

法 条

《中华人民共和国环境保护法》

第十二条 每年6月5日为环境日。

7. 垃圾分类是法律规定的吗？

案 情

2020年10月1日，小月与小青相约去公园观赏秋日的枫叶，并买了很多零食、饮料，以备不时之需。为了躲开人流高峰期，二人一大早便来到了公园，恰好这天是难得的好天气，阳光温馨恬静，秋风和煦轻柔，蓝天白云飘逸悠扬，二人甚是开心。观赏了一会儿风景之后，二人感到有些饿意，便开始吃带来的零食，吃完后，就把垃圾全部放到了袋子里，准备扔到垃圾桶。可是，当小青扔垃圾时，发现垃圾桶还分了类，于是他就把垃圾全部扔到了不可回收的桶里，小月见状便问为什么不把可回收和不可回收的分开放呢？小青解释道这很麻烦，而且也没人在意，再者，也没有什么法律规定我们必须要分类吧？请问，小青的做法对吗？对于垃圾分类，我国法律有规定吗？

解 析

我国《环境保护法》第三十八条规定，公民应当遵守环境保护法律法规，配合实施环境保护措施，按照规定对生活废弃物进行分类放置，减少日常生活对环境造成的损害。这是我国对于垃圾分类的法律规定。所谓垃圾分类是指将性质相同或相近的垃圾分类装置。当前，节约资源是我国的基本国策，而资源的循环利用是节约资源的重要途径，垃圾分类是发展循环经济的重要环节和内容。对垃圾进行分类既可以减少土地占用，还可以减少环境污染，节约资源。因此，我国法律也对垃圾分类进行了规定。本案例中，小青投放垃圾时没有将垃圾分类，是不对的，应当把垃圾分成可回收和不可回收后再丢入不同的垃圾桶里。我们要树立节约资源的理念，并从身边的小事做起，将节约资源的理念贯彻到实践中去。

法　条

《中华人民共和国环境保护法》

第三十八条　公民应当遵守环境保护法律法规，配合实施环境保护措施，按照规定对生活废弃物进行分类放置，减少日常生活对环境造成的损害。

图书在版编目（CIP）数据

公民应知应会法律知识学习手册：以案普法版 / 中国法制出版社编．—北京：中国法制出版社，2021.6（2021.12重印）

（公民法治素养提升丛书）

ISBN 978－7－5216－1921－8

Ⅰ．①公… Ⅱ．①中… Ⅲ．①法律－中国－通俗读物 Ⅳ．①D920.5

中国版本图书馆 CIP 数据核字（2021）第 104132 号

责任编辑　程　思　　　　封面设计　李　宁

公民应知应会法律知识学习手册：以案普法版

GONGMIN YINGZHI YINGHUI FALÜ ZHISHI XUEXI SHOUCE：YIAN PUFABAN

经销/新华书店

印刷/三河市国英印务有限公司

开本/880 毫米×1230 毫米　32 开　　印张/ 11.25　字数/ 194 千

版次/2021 年 6 月第 1 版　　2021 年 12 月第 2 次印刷

中国法制出版社出版

书号 ISBN 978－7－5216－1921－8　　定价：36.00 元

北京西单横二条 2 号

邮政编码 100031　　传真：010－66031119

网址：http：//www.zgfzs.com　　**编辑部电话：010－66066620**

市场营销部电话：010－66033393　　**邮购部电话：010－66033288**

（如有印装质量问题，请与本社印务部联系调换。电话：010－66032926）